▲ 摄政王奥尔良公爵菲利普二世肖像。1715年法王路易十四去世后，奥尔良公爵任摄政王掌管法国，为了堵上路易十四留下的财政窟窿，他采用了约翰·劳的建议，滥发纸币，给法国带来了巨大灾难。

▲ 1934年11月，波音公司发行的股票。法国在20世纪90年代初废除了纸质股票，意大利于90年代末废除，但美国、德国和瑞士等市场依旧存在纸质股票。

▲ 南海泡沫中狂热的投资者。南海泡沫事件与1720年的法国密西西比公司及1637年的荷兰郁金香狂热，是西方著名的三大泡沫经济事件。"泡沫经济"一词就来源于南海泡沫事件。

▲ 郁金香狂潮中正在进行交易的投资者。17世纪郁金香球茎在荷兰被炒热，市价大涨，全民都投入其中。而郁金香泡沫破灭后，荷兰也从强盛的殖民帝国走向了衰落。

▲ "百年美股第一人"杰西·利弗莫尔。1907年，利弗莫尔放空美股大赚300万美元；1929年，美股大崩盘时，利弗莫尔放空股票，赚进1亿美元。

▲ 1867年熙熙攘攘的华尔街。19世纪的美国，自由主义经济风行，而华尔街则成为了野心家、冒险者的天堂。

▲ 投资者正在查看股票纸带机打印出来的行情纸带。在早期的股市中，人们用针式打印机打印的股票细长报价单来了解股票行情。

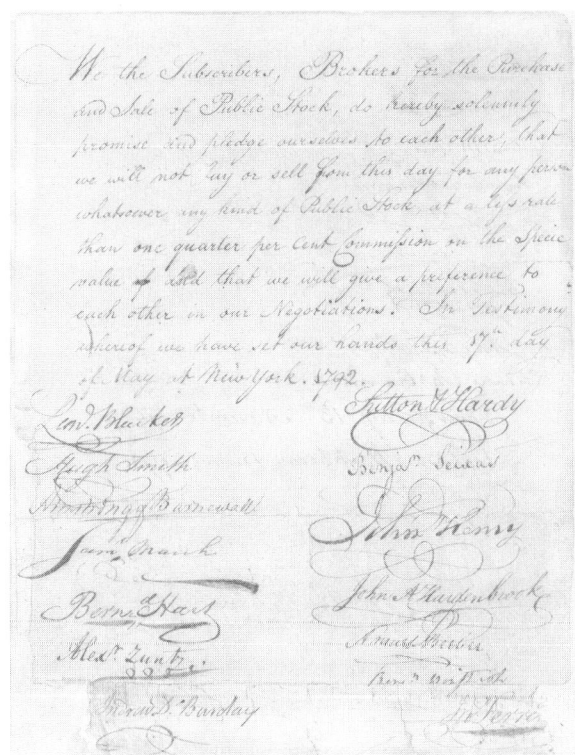

◀ 梧桐树协议签名页复制品。华尔街68号前的梧桐树于1865年6月14日被闪电击中死去，但是梧桐树协议中的"联盟与合作"规则，仍然是世界各国应对危机的主要法则。

▲ 1929年,美股大崩盘后,失败的投资者以100美元甩卖高级小汽车。这次股灾中,大量的投资者破产,数以千计的股民跳楼自杀。

▲ 晚清上海街市的繁荣景象。晚清上海已开埠半个多世纪,新式工商业日趋繁荣、人口、建筑不断增加,很多来自西方的新事物也在上海风行了起来,其中就包括股票。

股灾简史

刘海亮 买敬江 ◎ 著

A Brief History of the
Stock Market Crash

立信会计出版社
LIXIN ACCOUNTING PUBLISHING HOUSE

图书在版编目（CIP）数据

股灾简史：逃顶、监管、交易规则和熔断机制的那些事儿/刘海亮,买敬江著. —— 上海：立信会计出版社,2016.3
　　ISBN 978-7-5429-4909-7

Ⅰ.①股… Ⅱ.①刘… ②买… Ⅲ.①股票市场-经济史-世界 Ⅳ.①F831.9

中国版本图书馆CIP数据核字（2016）第003389号

策划编辑　蔡伟莉
责任编辑　蔡伟莉　张寻　何颖颖
封面设计　仙境

股灾简史：逃顶、监管、交易规则和熔断机制的那些事儿

出版发行	立信会计出版社
地　　址	上海市中山西路2230号　邮政编码　200235
电　　话	（021）64411389　传　真　（021）64411325
网　　址	www.lixinaph.com　电子邮箱　lxaph@sh163.net
网上书店	www.shlx.net　电　话　（021）64411071
经　　销	各地新华书店
印　　刷	固安县保利达印务有限公司
开　　本	710毫米×960毫米　1/16
印　　张	14.5　插　页　2
字　　数	130千字
版　　次	2016年3月第1版
印　　次	2016年3月第1次
书　　号	ISBN 978-7-5429-4909-7/F
定　　价	39.80元

如有印订差错，请与本社联系调换

序言

未来隐藏在历史中，股市也不例外

这是一部灾难片，资本市场的灾难片。

灾难意识是人类特有的一种忧患意识，正是有了这种意识，人类才能在与灾难的无数次抗争中生存下来，为文明的推进提供了可能。因此，灾难片所展示的不止是故事，更多的是人类对生命力永恒的领悟和思考。股市的历史经验不断证明，新手死于技术，老手死于杠杆，幸存几年的，往往又死于股灾。所以对投资者而言，最重要的不是学问，也不是技术，而是在股灾中生存下来的能力。

股灾是一个周而复始的魔咒，它不但会造成财富的灭失，而且还会造成金融秩序的混乱甚至全社会的经济萎缩。股灾发生之前，往往是虚拟经济巨兽从实体经济中吸走了过量的流动性，这种周期性的亢奋使人们完全丧失了理性，所以从一开始就注定了大面积坍塌的宿命。奇怪的是，市场参与者明知这是危机四伏的击鼓传花，却没有谁会认为自己是最后一个持花者。当宿命来临，人们夺路而逃并酿成踩踏之后，方知早该断舍离。

人类几千年的历史中，灾难只会变脸而从来不会缺席，股市的几百年历史也是如此。为什么市场一直在重蹈覆辙？为什么绝大多数人都逃不脱股灾？为什么有人能全身而退甚至从中盈利？为什么监管越来越强大但股灾却愈演愈烈？

欲知大道，必先为史。读懂了股灾史，就读懂了兴衰，读懂了人性，不仅能见证资本市场曾经的苦难与蹉跎，感受资本市场发展与进步的艰难，而且还能让我们从沉痛中获得坚强和自信，进而获得自我保护和发展的能力。

股灾是系统灾害，原因不是公司的经营不善或各种道德风险，甚至可以说与宏观经济没有任何关系——注定载入股灾史的2007年A股大崩盘发生之时，中国经济高增长低通胀高效益，而且结构也一直在改善，宏观经济全然是一派向好。所以股灾有着更加深刻和诡秘的原由，我们要追究的是，它的宏观和微观层面的原因到底是什么？原来，股灾的起因既不是天灾也不是某个模型的忽然失效，而是人类对风险的无动于衷。所以错误不在别处，就在我们自身的集体无意识。

证券史就像一个预设的大骗局，时常会把股灾推送到投资者面前，只不过每次都会改头换面而已。史实背后存在着一种规律，存在着可供借鉴的经验和教训，这就是历史的精髓。中国股市的管理层、投资者以及各个利益群体都应从股灾史中自省和总结，发现规律性的东西为我所用，使交易和监管都变得更智慧更成熟。

监管者学习股灾史，可以深入了解资本市场的必然规律，以便在有更多预见性的前提下为市场设置有效的安全阀，多照照历史这面镜子，多做深刻的自省以提高监管能力，下决心建立严格的游戏规则、加大犯错误成本、追究决策失误。从根本上说，股灾是政府关系和市场关系失调的具象，所以监管的内核必须是内生的和反周期的，要能够在市场繁荣之时居安思危。监管层应当怀有对市场的敬畏之心，但在危机时刻要敢于作出独立判断，而不是被市场失控的意志所左右。读史使人明理，监管过程中必需的智慧、勇气、使命感等正能量，大部分可以从读股灾史中汲取。

历史是打开明天的钥匙，未来就隐藏在历史中，股市也不例外。

"未来已经发生，只是尚未流行。"

目 录

第一章
股灾：证券市场的幽灵 / 001

    1. 掏空法国的密西西比股灾　/ 003

    2. 破碎的英国南海泡沫　/ 011

    3. 撼动美国的"黑色星期二"　/ 021

    4. "黑色星期一"再临　/ 028

    5. 震撼日本的1990　/ 034

    【章末结语】　/ 039

第二章
逃顶：操盘圣手的成与败 / 041

    1. 利弗莫尔：我的一生是一场失败　/ 043

2. 威廉·江恩：预测大师的战绩　/ 050

3. 小罗伯特·R.普莱切特：宗师的败笔　/ 053

4. 本杰明·格雷厄姆：华尔街教父的失利　/ 056

5. 沃伦·巴菲特：股神的牛市选择　/ 060

【章末结语】　/ 066

第三章
监管：守夜人的宽与严／067

1. 蛮荒时代的股市与原始的监管　/ 069

2. 《泡沫法案》下的金融寒冬　/ 074

3. 在博弈中不断完善的证券监管制度　/ 078

4. 各国政府的救市与托市　/ 085

5. 中国证券监管体制的发展 /091

【章末结语】 /098

第四章
制裁：幕后黑手的罪与罚/ 099

1. 证券市场无法摆脱的"原罪" /101

2. 华尔街"王中之王"的内幕交易 /108

3. 暴富——严惩挡不住的诱惑 /113

4. 美国最大规模的股市操纵案 /116

5. "华尔街之狼"与闪电崩盘 /119

【章末结语】 /123

A Brief History of the Stock Market Crash

第五章
熔断：国外市场的试与错/ 125

1. 熔断机制的由来　/127

2. 熔断机制在美国的实践与调整　/130

3. 熔断机制的国别比较　/134

【章末结语】　/138

第六章
中国式监管：从救市到熔断/ 139

1. 晚清史上没有股市的股灾　/141

2. 近现代中国股灾的监管与救市　/148

3. 2015年中国股灾与熔断机制的出台　/155

【章末结语】　/161

第七章
投资革命：新常态下的交易对策 / 163

1. 对股票市场的影响 / 166

2. 对期货市场的影响 / 168

3. 对基金的影响 / 171

4. 投资者应如何应对 / 175

5. 熔断机制被熔断告诉我们什么 / 179

【章末结语】 / 183

第八章
回望：股灾形成机制的历史分析 / 185

1. 股灾的特性和一般成因 / 187

A Brief History of the Stock Market Crash

2. 股灾形成的制度因素　/ 191
3. 股灾形成的市场因素　/ 195
4. 其他因素的影响　/ 199
【章末结语】　/ 203

第九章
前瞻：从股灾史谈投资之道/ 205

1. 股灾来临前的异常信号　/ 207
2. 股民为何对这些异常信号视而不见　/ 209
3. 减灾之道　/ 211
4. 股灾史教会我们的另类投资方法　/ 216
【章末结语】　/ 218

第一章

股灾

证券市场的幽灵

A Brief History of
the Stock Market Crash

股灾（The Stock Market Disaster），是指股市灾害或股市灾难。它是股市内在矛盾累积到一定程度，因受到某个因素刺激，而突然爆发的股价暴跌现象。股灾没有严格的定义，现在国际认可的标准是，股票指数一天内下跌20%以上，或者累计跌幅达40%以上，就可以被称为股灾。A股市场从2015年6月份的5 187点跌到8月份的2 850点，累计跌幅超过了40%，所以是一次名副其实的股灾。与一般意义上所讲的股市波动和股市风险不同，股灾的破坏性强、影响范围广，会影响一个国家乃至世界的经济，而一次股灾给人类造成的经济损失甚至不亚于发生了一次世界大战。

股灾与股市的发展如影随形，从1720年世界第一次股灾发生算起，几乎没有一个国家能够幸免，而历史上发生过的一些重大股灾其破坏力之强、范围之广、持续时间之长直至今天仍让人们谈之色变。

1. 掏空法国的密西西比股灾

爆发于1790年的密西西比股灾是人类历史上的第一次股灾，提到这次事件，我们要先来认识一下其中的始作俑者——约翰·劳。

1671年，约翰·劳出生于苏格兰首府爱丁堡的一个银行世家，是家中长子。独特的家庭环境、长期的耳濡目染使得约翰·劳从小就有经济头脑。从几年后伦敦报纸上刊登的一条通缉令中我们可以大致了解约翰·劳的形象：身高6英尺（约1.83米），皮肤黝黑，仪表堂堂，声音洪亮。1688年，约翰·劳的父亲去世，他随后就卷铺盖离开家乡，带上父亲留给他的遗产来到向往已久的大都市伦敦。

在伦敦，约翰·劳将大把的时间和金钱花费在赌场和情场上。直到1694年，他为了一名女子而与情敌威尔逊决斗，结果威尔逊当场毙命，当天他就被逮捕并被起诉。就在无休止的诉讼过程中，约翰·劳找机会成功越狱，并坐船逃往荷兰。

1704年，他一度溜回苏格兰，并于1705年在爱丁堡出版了一本小册子：《论货币和贸易——兼向国家供应货币的建议》。在这本书中，约翰·劳极力强调增加货币对于国家利益的重要性。在他看来，增加流通中的货币，对国民经济有百利而无一害。

这本小册子虽然没能打动英国人，却引起了法国的重视。

当时法国的摄政王奥尔良公爵正为即将崩溃的国家财政状况焦头烂额，而约翰·劳的出现恰好让他看了一丝希望。于是，当约翰·劳在法国宫廷中出现时，他立刻受到了最隆重的欢迎。他向法国摄政王提供了两份备忘录，在这两份备忘录中，他指出了困扰法兰西并使之衰落的罪恶之源，认为正是由于通货不足，才导致了法国货币屡屡贬值。他断言，没有纸币作为辅助和支持，单一的金属通货完全不能满足一个商业国家的需要。他还特别引用了大不列颠和荷兰的例子来证明纸币的优越性。他用许多强有力的论据来论证信用的问题，并且提出了恢复法兰西信用的方法。当时的法国是如此之衰落，应当允许他开立一家银行，由这家银行来管理皇家每年的税收，并且在税收和不动产证券的基础上发行票据。他还进一步提出这家银行名义上应当直接由国王管理，但是要受到议会指定的专员们的控制。

这两份备忘录尚在考虑阶段之时，约翰·劳将自己关于货币和贸易的论文翻译成了法文，并且使尽浑身解数，举国上下竭力宣传自己作为一位金融家的声名，很快他就成为人们议论的焦点人物。

约翰·劳30多年的学习和研究被用来指导其对银行的经营管

理。他的票据全是见票即付的，在发行的时候就可以与等额的金属货币兑换。最后这一招可谓神来之笔，立刻使他的票据身价倍增，价值甚至超过贵金属货币。

很快，国家的贸易也感受到了约翰·劳所带来的好处。日见衰弱的商业开始好转，有些复苏。税款的缴纳也更加有章可循，并且百姓对纳税的抱怨与不满也大大减少了。在一定程度上，人们已经树立起了信心，相信这个体系不会崩溃，如果继续沿着这条道路走下去，只会更加有益。仅仅1年时间，约翰·劳的票据就升值了15%。

初战告捷，让约翰·劳和法国摄政王都兴奋不已，接着约翰·劳就开始着手策划那个让他遗臭万年的著名计划——密西西比计划。他向摄政王提出建议，成立一家拥有与伟大的密西西比河西岸的路易斯安那州、东印度和南美进行贸易的独占性特许权的公司。在人们眼中，印度那个遥远的国度盛产贵重金属，富庶至极；如果建立一家拥有排他性特权的公司，凭借其独有的商业机遇所带来的丰厚利润，该公司必将成为唯一的税收包税人，成为唯一的金钱铸造者。

于是，1717年8月，约翰·劳获得了密西西比河广阔流域的贸易特许权及加拿大的皮货贸易垄断权，并以每股500利弗尔的价格开始发行股票。

在业务巨大的增长之后，密西西比公司认为将自己的名称更改为印度公司更为合适，并且增发5万股新股以扩充资本。现在，约翰·劳指给大众的前景再辉煌不过了，他承诺对价值500利弗尔的每股股票每年派发200利弗尔的红利。这个利好消息，再加上股票本来就可以用公债来购买，所以一支票面价值500利弗尔的股票仅需100利弗尔就可以买到。这一消息一经发布，立即让整个法国陷入了投机狂潮，至少有30万人前来申请购买这5万份新股。

每天从早到晚，想要申请购买股票的人挤破了头，将约翰·劳的家围得里三层外三层。连那些高贵的爵士及夫人们也顾不得身份，天天蹲守在约翰·劳家门口。没过多久，贵族们干脆就近租房驻扎下来，大街两边的房子的年租金从1 000利弗尔一下子涨到了10 000多利弗尔。约翰·劳不得已搬了家，但是新家也立即被疯狂的人群包围了。最后，约翰·劳只好以极高的价格买下了加里格南亲王的大庄园当作交易所，亲王自己则留下了庄园的后花园，随后又通过在花园里出租帐篷狠赚了一笔。

公众如此疯狂，约翰·劳的股票价格当然是节节高升。1719年9月12日，印度公司增发10万股股票，每股价值5 000利弗尔。结果，股票一上市就被抢购一空。1719年9月28日，印度公司再次增发每股价值5 000利弗尔10万股。股票价格不断攀升，仅半年时间内，500利弗尔被炒作到18 000利弗尔。

股价一天之内上涨两三成是常有的事。人们早上出门口袋里还空空如也，晚上回来就变成了腰缠万贯的富翁。与此同时，各种离奇夸张的小道消息不胫而走，让人分不清真假。有人说，约翰·劳家所在大街的一个鞋匠把摊位租了出去，同时向前来买股票的人提供纸笔，每天能赚200利弗尔；有两个德高望重的饱学之士，刚刚互相恭维对方保持清醒没有卷入这场投机狂潮，不料隔天两人就在股票购买现场相见了。

疯狂总有尽头，因为股票价格的上涨不可能是无限制的。当差不多所有人都拥有了约翰·劳的股票，再也没有新的傻瓜加入进来的时候，股票价格就开始暴跌了。

孔蒂亲王最早向约翰·劳提出以纸币兑换铸币，很快，就有人由于不信任而效仿孔蒂亲王的做法。尽管孔蒂本来是要报复，却为别人树立了榜样。更加精明的股票投资人正确设想了这样一个前景——价格不可能永远上涨。

以交易资金量大而著称的伯尔登和拉·理查蒂尔神不知鬼不觉地将他们的纸币分成许多份兑换成铸币，每次兑换的金额较少，并且将铸币悄悄送到了国外，他们还尽可能多地购买便于携带运输的贵金属和贵重珠宝，并且将它们秘密地运往英国或荷兰。

一位投资商沃马立特察觉到风暴即将来临，他小心翼翼地弄到总额近100万利弗尔的金币和银币，将这些铸币装运到一户农夫的双轮车上，还在上面盖上厚厚的干草和牛粪，然后，他乔装打扮一番，穿上一身又脏又破的农民的大罩衫，带着自己的宝物安全地溜到了比利时。很快，他又设法将自己的宝贝从比利时运到阿姆斯特丹。

虽然政府千方百计地进行控制，贵金属仍然源源不断地被运往英国和荷兰，留在国内为数不多的铸币都被小心翼翼地保存或窖藏起来，直到铸币的短缺变得如此严重，以至于贸易不能继续顺利地进行。

在此危急关头，约翰·劳铤而走险，进行了一次大胆的尝试，他怂恿摄政王下令，禁止使用一切铸币。1720年2月又颁布了一项法令，这项法令试图使人们重振对纸币的信心，结果却事与愿违，这种愚蠢做法无可挽回地破坏了纸币的信用，将整个国家推到了崩溃的边缘。这一著名的法令严禁任何人拥有超过500利弗尔（相当于20英镑）的铸币，违者不仅处以高额罚款，并且将所发现的全部铸币没收充公。除此以外，该法令还严禁人们购买珠宝、贵金属和珍稀的宝石，鼓励告密者检举揭发违反这一法令的人，并且保证以他们告发后所发现的总金额的一半作为奖励。

这样的暴政让举国上下发出悲痛绝望的哀叫，而随着股民信心的下跌，密西西比股价开始暴跌。

为了维持股价，约翰·劳动用自己所掌握的权力将股价强行固定在9 000利弗尔上达两月之久。之后，又于1720年3月25日、4月5日、5月1日分别发行了3亿、3.9亿、4.38亿利弗尔纸币，以致一个多月的时间内货币流通量就增加了一倍多。到了1720年5月，约翰·劳实在无力继续支撑。他发布了股票贬值令，计划分7个阶段将股票的价格从9 000利弗尔降到5 000利弗尔，同时也降低纸币的面值。

约翰·劳和他一手创立的印度公司制造经济奇迹的神话就这样突然破灭了。民众顿时陷入一片恐慌，为了保住自己的资产，他们开始争先抛售股票。1720年9月，股价跌到2 000利弗尔；12月2日，跌到1 000利弗尔；1721年9月，跌到500利弗尔；这正是1719年5月的水平。

而此时的约翰·劳还在试图恢复民众的信心，但是，他的声音很快就被在股票崩盘中倾家荡产的法国人民所淹没了。人们认定约翰·劳是头号骗子，1720年，犹如过街老鼠的约翰·劳不得不在一片咒骂声中连夜出走比利时。一场历史上首次由政府组织并发动的"牛市"至此仓皇落幕。

那么约翰·劳最后的结局呢？事实上即使在公众对密西西比股票的痴狂达到顶峰之时，他也没有以一个国家的牺牲为代价来为自己造福谋利，约翰·劳一直坚信他的计划最终将成功地使法兰西成为欧洲最富有、最强盛的国家，他将自己的全部收入都投资于购买法国的地产这一点也有力地证明了他对自己计划的可靠性所具有的信心。他没有囤积任何的金银餐具或是珠宝，也不像那些不诚实的投机商一样将金钱偷偷运往国外。除了一颗价值5 000~6 000英镑的钻石以外，他所有的钱都投资在法兰西大地上，当他离开那个国家的时候，他几乎已经沦为乞丐。约翰·劳在1729年于威尼斯去世，死时的境况异常窘迫狼狈，他的墓志铭上写着：

　　一个大名鼎鼎的苏格兰人长眠于此，
　　他的算计能力举世无双，
　　这个人按照代数的规则，
　　把法国送进了医院。

2. 破碎的英国南海泡沫

南海泡沫事件发生在1720年，是世界证券市场首例由过度投机引起的经济事件。"泡沫经济"或"气泡经济"一词正是源于南海泡沫事件。

1711年，英国政府为了向南美洲进行贸易扩张，而专门成立了一家公司——南海公司，公司因拥有1 170万英镑的英国国家债务而成为英国国债最大的债权人。然而，该公司成立之后的8年间，除了无休止地向南美洲贩运黑奴之外，几乎没干过一件能够赢利的事情。

到了1718年，英国的国家债务总额已经累积到了3 100万英镑。1720年1月22日，南海公司向英国政府提出利用发行股票的方法来减缓国债的压力。为了迅速筹集还债资金，不堪重负的英国政府在两个月后最终批准了这个议案。

在这段时间里，南海公司的董事们发动了一切关系——尤其是董事会主席、大名鼎鼎的约翰·布朗爵士，无所不用其极地宣传造势：比如说，南海公司在拉丁美洲那边发现了金矿、银矿、香料；英国和西班牙再次签订了合约，南海公司将被授权与西班牙所有的殖民地进行自由贸易；英国盛产的棉花和羊毛制品，将会吸引墨西哥人以他们全部的金矿来购买，南海公司将因此变成世界上首屈一指的大公司，而加入南海公司进行海外贸易的人，都将因此变成全世界最有钱的大富豪；在南海股票上每投资100英镑，年末股东将获得超百倍的红利……

很快人们开始相信了这些谎言，南海公司海市蜃楼般的利润前景，唤起了英国人异乎寻常的狂热，南海公司的股价一下子暴涨，全民都投入南海热中。

当时，英国社会流行一首非常诙谐的民谣，名字就叫做《南海泡沫之歌》，从中我们不难看到当时的群众狂热：

星星在混乱的人群头顶闪耀，
袜带在乡村莽汉身上缠绕。
人们要不买卖，要不围观瞧热闹，
连新教徒也在和犹太人不断争吵。
高贵的夫人们从四面八方驾车赶到，
好一通奔忙不辞辛劳，
为了股票不惜赌博冒险，

就算押上珠宝也毫无怨言。

就这样，英国社会的各个阶层都被卷入了这个巨大的漩涡中，男人们在酒馆和咖啡馆里穿梭往来会见经纪人，女士们也聚在衣帽店和杂货铺里对股票走势发表高论。虽然大家并不见得是真心认同那些五花八门、花里胡哨的项目计划，却都抱有相同的目的，那就是通过股票经纪人的投机炒作促使股价上涨，然后从中赚得丰厚的差价。南海公司又在背后开始了煽风点火的勾当。一张张股票申购单被填得满满当当，一车车股票被送到交易所，一波波的成交风潮此起彼伏。股票市值也被哄抬得越来越高。

据记载，从1720年3月到9月，在短短的半年时间里，南海公司的股票价格一举从每股330英镑涨到了1 050英镑。有榜样就有效仿者，当人们看到南海这种泡沫吹起来后十分赚钱，民间就纷纷组织这类泡沫公司。这些民间公司极大地损害了南海公司的利益，为了与民间企业争夺有限的社会资源，他们开始拼命游说国会，利用与政府之间的特殊关系去说服议会，并用贿赂手段买通议员。

最终，议会在1720年6月通过了《反金融诈骗和投机法》，禁止民间组织公司。《反金融诈骗和投机法》被民间俗称为"泡沫法"，也就是说"泡沫法"认定了民间股票是泡沫。我们不妨来看一下当时高等法院法官们裁定解散的民间泡沫公司名单：

1. 瑞典铁矿进口公司。

2. 伦敦海运煤炭供应公司,资本金300万英镑。

3. 英格兰联合房屋建筑和重建公司,资本金300万英镑。

4. 细棉布制造公司。

5. 英国铝业公司。

6. 布兰科和圣塔塔加哥斯岛定居点开发公司。

7. 迪尔城淡水供应公司。

8. 弗兰德斯花边饰带进口公司。

9. 英格兰土地改良公司,资本金400万英镑。

10. 发展英格兰养马业、改良牧师和教堂土地以及修缮和重建教区长和牧师房屋公司。

11. 大不列颠钢铁制造公司。

12. 弗林特郡土地改良公司,资本金100万英镑。

13. 购买和开发、建设土地的公司,资本金200万英镑。

14. 皮毛类商品贸易公司。

15. 霍利岛制盐公司,资本金200万英镑。

16. 房地产买卖及住房抵押贷款公司。

17. 有着绝对优势,能带来巨大回报,但是无人知晓那是什么的公司。

18. 伦敦街道铺设公司,资本金200万英镑。

19. 英国联合殡葬服务公司。

20. 有息贷款买卖不动产的公司，资本金500万英镑。

21. 大不列颠皇家渔业公司，资本金1 000万英镑。

22. 海员薪金福利保险公司。

23. 勤勉人士创业贷款公司，资本金200万英镑。

24. 购买和改良可出租土地公司，资本金400万英镑。

25. 从英国北部和美洲进口沥青和海军后勤装备的公司。

26. 布料、毛毡和波形瓦贸易公司。

27. 购买和改良艾塞克斯郡庄园采邑和征收矿区使用费的公司。

28. 马匹保险公司，资本金200万英镑。

29. 出口羊毛制品、进口铜、黄铜和铁的贸易公司，资本金400万英镑。

30. 药品经营公司，资本金300万英镑。

31. 铅矿公司，资本金200万英镑。

32. 肥皂制造工艺改进公司。

33. 在桑塔-克鲁兹岛上建造居民定居点的公司。

34. 德比郡铅矿勘察、开采公司。

35. 玻璃瓶和其他玻璃制品制造公司。

36. 永动轮制造公司，资本金1 130万英镑。

37. 花园改建公司。

38. 为保障儿童财产和增加其福利而建立的公司。

39. 为在海关装载货物，并为商人进行商务谈判提供方便的公司。

40. 北英格兰羊毛制造业公司。

41. 弗吉尼亚胡桃树进口公司，资本金200万英镑。

42. 曼彻斯特棉花和绳索制造公司。

43. 加帕和卡斯泰尔肥皂制造公司。

44. 大不列颠王国熟铁和炼钢业品质优化公司，资本金400万英镑。

45. 蕾丝饰物、麻纱、荷兰棉麻布、细麻布等货物交易公司，资本金200万英镑。

46. 大不列颠王国特殊商品贸易公司，资本金300万英镑。

47. 伦敦市场牛肉制品公司。

48. 眼镜、马车镜制造公司，资本金200万英镑。

49. 康沃尔郡和德比郡锡矿和铅矿公司。

50. 菜子油制造公司。

51. 海狸皮进口公司，资本金200万英镑。

52. 纸板和包装纸制造公司。

53. 毛纺织制造用油和其他原材料进口公司。

54. 改善和扩大丝制品加工业的公司。

55. 以储蓄、年金和票据为基础提供贷款的公司。

56. 以小额折扣支付寡妇和其他人士年金的公司，资本金200万英镑。

57. 麦芽酒制造和改良公司，资本金400万英镑。

58. 美洲渔场建设公司。

59. 购买和改良林肯郡沼泽地的公司，资本金200万英镑。

60. 大不列颠纸制品改造公司。

61. 伯特莫里公司。

62. 麦芽干燥公司。

63. 奥罗诺克河贸易公司。

64. 科尔彻斯特和大不列颠其他地方的厚毛呢制造公司。

65. 为购买航运物资、提供食品、支付工人工资而设立的公司。

66. 雇佣熟练技工为商人和其他人装饰钟表的公司。

67. 改良耕地和耕牛品种的公司。

68. 改良马匹品种的公司。

69. 另一家马匹保险公司。

70. 大不列颠玉米贸易公司。

71. 为防范仆人过失的男女雇主保险公司，资本金300万英镑。

72. 为收容和养育私生子而建造福利设施的公司，资本金200万英镑。

73. 在不使用火或不产生营养损失的情况下漂白粗糖的公司。

74. 大不列颠收费公路和码头建设公司。

75. 因抢劫或偷盗受损客户保险的公司。

76. 从铅矿中提炼白银的公司。

77. 瓷器和彩陶制造公司，资本金100万英镑。

78. 进口烟草，再向瑞典和北欧出口的公司，资本金400万英镑。

79. 利用坑煤冶铁的公司。

80. 为伦敦城和威斯敏斯特城提供干草和稻草的公司，资本金300万英镑。

81. 在爱尔兰开设帆布和包装布制造厂的公司。

82. 碎石道砟制造公司。

83. 购买和装备镇压海盗的船只的公司。

84. 威尔士木材进口公司，资本金200万英镑。

85. 岩盐开采公司。

86. 把水银变成可锻精制金属的公司。

  解散民间泡沫公司的同时，也是在助长南海泡沫的形成。不用说，"泡沫法"的颁布进一步推高了南海公司的股价。

  当人们争先恐后地购买股票时，而当时的政府成员——这可以被称为最早的内幕交易者——在股价越涨越高时，包括财政部长在内的许多官员卖掉了所持有的股票。内幕人士与政府官员的大举抛售，引发了南海泡沫的破灭。1720年，南海公司的股价从8月31日的775英镑一路下跌，到10月1日，只剩下290英镑。

关于南海泡沫酿成的灾难后果，查尔斯·麦基曾在其著作《大癫狂：非同寻常的群众幻想与癫狂》中写道：

数不清的英国家庭都被南海大投机害得倾家荡产，一贫如洗；曾经挥金如土的富商巨贾沦为蜷缩在街角的乞丐；而那些身份贵重、身处万人之上的权贵重臣则流亡四方；在英格兰的每一个角落里，都能听到悔恨不堪的自责声与咒骂声……这样一幅悲惨的图景出现在面前，你能说其中缺乏愤怒吗？

人群完全没有了理智，他们被裹挟狂热地追求那金光闪闪的幻象，什么理智、什么判断全部忘得一干二净，如同传说中被精怪迷得魂灵出窍的雌鹿。最终，他们被引诱到致命的沼泽中去，眼看就要遭受灭顶之灾却还在一力强辩，说这一切不过是一场噩梦。

在这次泡沫中遭受损失的投资人甚至还包括大名鼎鼎的科学家牛顿，牛顿在南海泡沫中的损失超过了2万英镑。事后，他不无伤感地写道："我可以准确地计算出天体的运动规律，但却无法计算出股票市场的变化趋势。"

然而，比牛顿损失更大的则是英国的经济，南海泡沫的破灭使神圣的政府信用也随之破灭了，英国没人再敢问津股票。从那以后，柴思胡同这条著名的交易街清静了整整100年，此间，英国没有发行过一只股票。

3. 撼动美国的"黑色星期二"

1929年10月29日，是美国证券史上最黑暗的一天。从这个被称为"黑色星期二"的日子开始，仅在短短几天时间内，美国股市在历经了10年的大牛市之后，就从顶峰跌入深渊。这次股灾持续时间之长、影响之大、危害之深直至今天仍让人们谈之色变，此后，美国和全球其他地区进入了长达10年的经济大萧条时期。

20世纪20年代，经历了第一次世界大战后几年的调整，世界经济已经进入了一个相对繁荣的时期。尤其是美国，它在许多经济领域都处于世界领先的地位，已经成为当时世界上最为发达和稳定的国家。

良好的经济环境为美国股市的大发展提供了条件。1921年，美国资本市场新发行的证券种类达1 822种，到1929年达到了6 417种。道琼斯指数从1921年的75点至1929年顶峰时，已达370点，平均年增长率高达33%。当时，融资购买股票简直变成了一种潮流，而且人们还可以通过"定金交易"花1美元买到价值10美元的股票。忽然之间，众多的赚钱机会出现在了人们眼前。于是，大量中小投资者争相涌进股市，有关股票的消息成了街头巷尾人们热议的话题，从贩夫走卒到金融巨头，从平原小镇到旧金山这类繁华的大都市，所有人都陷入了股票的狂热中不能自拔。

巨大的冰山总是深藏于海面之下，在股市一派欣欣向荣的景象中，人们并未意识到，危机正在悄悄来临。

1926年秋，一度被疯炒的佛罗里达房地产泡沫首先破灭，但华尔街并未因此而警醒。事实上，当时美国的许多产业并未从"一战"后的萧条中彻底恢复过来，股市的过热已经与现实经济的状况完全脱节了。特别是1927年下半年的时候，商业活动的情景简直可以用一落千丈来形容，而且那种颓势简直是难以挽回的。1928年2月，纽约的慈善协会会长曾撰写了一份报告，其中提到：目前的失业率是战后这段时期最高的，创造了历史纪录。

1928年5月下旬，股市一路高歌猛进的势头终于有所减缓，有很多专家预测这轮牛市要走到尽头了。到了6月份，股市大幅下跌，但在很多股民看来，这只是暂时的低谷，他们认为，最终估价一定会破1 000美元的大关。

6月12日，华尔街遭遇了一轮抛售狂潮，所有的股民都在疯狂地填写需要出售股票的委托，股票交易所的交易量瞬间就达到了500万股，行情显示器也滞后了将近2小时。然而，这轮波动并未持续下去，分析家也再一次看走了眼，因为6月13日，股市又重新恢复了上涨。

6月14日，胡佛获得了竞选提名，同时股市也开始转暖，大牛市持续轰轰烈烈地上演着。

股市的兴旺和经济的好转让胡佛对总统竞选信心倍增。1928年11月6日，他以绝对优势如愿当选美国总统，在美国民众走上街头为他举行各种庆祝活动时，各地的股市也如同坐上了火箭，迅速蹿高。一些领涨股甚至攀升了5美元至15美元，那一天的成交量大约有400万股。年初时，股市预测家还认为日交易量绝不可能超过500万股，可此时，日交易量500万股已经是再平常不过，到11月23日，股市交易量甚至高达到700万股，简直让人难以置信。而百货业、铜业、航空公司的股价也越来越高。美国民众一直对股市的高回报率信心满满，他们甚至不惜支付8%～9%的活期贷款利率，将贷来的钱都放心地投入股市当中。股民们满心期待股市能"再繁荣4年"！

从1928年开始，股市的上涨进入最后的疯狂阶段。1929年3月，美国联邦储备委员会对股票价格的高涨开始感到担忧，为了抑制股价宣布将紧缩利率，但美国国民商业银行的总裁查尔斯·米切尔从自身利益出发，决定向股市中增加资金投入以避免下跌，股票经纪商和银行家们也纷纷鼓动人们加入投机，就连一些学者也不例外，例如大经济学家欧文·费雪就曾在公开演讲中宣称："股票价格已达到了某种持久的高峰状态。"

1929年9月3日,道琼斯指数达到顶点,崩溃一触即发。9月5日,金融学家罗杰·巴布森在金融年会上预言:"股市迟早会崩溃。"因为在过去的两年间,巴布森一直在重复这一预言,所以,华尔街的专业人士们一如既往地对这种言论进行了无视。然而,当天下午两点,当巴布森的这句话被更多人得知之后,股票市场立刻出现了恐慌,至当天下午的最后交易时间里,共有200万股股票易手,各大公司股票开始下跌,美国钢铁公司的股票甚至下降了9个点之多。人们后来将这一天的股市变化称为"巴布森突击","巴布森突击"正式拉开了美国1929年股灾的序幕。

股市下跌的消息惊动了胡佛总统,他立即出面发表讲话,声称"美国商业基础良好,生产和分配并未失去以往的平衡。"有关的政府财政官员也纷纷出面,对股市表示力挺。然而颓局注定也无法挽回,股市在经过极其短暂的上扬后,就开始了持续暴跌。

时间最终步入1929年10月下旬,噩梦真的开始了。

10月21日,政府出于稳定股市的目的要求股民交纳"保证金",此举令股民恐慌不已。当天,纽约证券交易所一开市即遭大笔抛售,全天抛售量高达600多万股,交易量之大使得股市行情自动记录器到收盘1小时40分后才记录完最后一笔交易。

10月23日,股市继续下跌,形势持续恶化。

10月24日，史上著名的"黑色星期四"，股票市场的灾难正式开始。早晨刚一开市，股价就如决堤之水般轰然下泄，许多股票的价格仅几小时就下降了40~50点。人们纷纷脱手股票，全天共有1 289.5万股股票易手。到这一天结束时，共有11位证券市场的投资老手相继自杀。虽然当天下午，摩根财团联合其他银行业巨头拿出2.4亿美元联合基金护盘，以高于市场的价格购买股票，希望能够力挽狂澜，但股市在短暂的稳定了几天之后，仍旧继续急转直下。

10月28日，"黑色星期一"。当天，股指下跌49点，道琼斯指数狂泻38.33点，日跌幅达13%，此时，再没有人出面救市。

10月29日，纽约证券交易所最黑暗的一天——史上著名的"黑色星期二"到来了。一大早，华尔街上就已经人头攒动，早晨10点钟，纽约证券交易所刚刚开市，猛烈的抛单就铺天盖地砸来，所有人都在不计价格地抛售，在焦急地寻找买主，经纪人被层层包围，交易大厅一片混乱。及至当天收市，股市成交量达到1 641万股，创造了历史最高纪录。股价几乎在垂直下跌，股指从最高点386点跌至298点，跌幅达22%。这一天也被人形容为纽约交易所112年历史上"最糟糕的一天"。

有关这一天的混乱情景，美国著名经济学家约翰·肯尼斯·加尔布雷思曾有过细致的描写：

崩溃的高潮终于在1929年10月29日这样来到了：在大风暴来临前的星期二上午10点钟，证券交易所大厅中的大锣勉强敲响了。大量股票投入股市，不计价格地抛售……出售的不仅是无数小企业的股票，而且大企业的股票也在抛售。……某种股票的做市商发现自己一再被争相抛售的经纪人所包围，而且甚至简直没有人去考虑买进。……交易所的情况十分混乱……开盘后半小时，交易量就超过了300万股，到12点时超过了800万股，到下午1点半时超过了1 200万股，鸣锣收盘时，这一天的疯狂达到了极端，以1 641万零30股的最高记录收盘。……根据《纽约时报》的统计，50种主要股票的平均价格下降了40点。

到11月，股市持续跌至198点，跌幅达48%。

此后直至1933年，股市虽然偶有反弹，但其后马上就会出现下跌，1930年5月至1932年11月间，共出现了6次暴跌，道琼斯指数跌至41点，而反弹的力度也一浪低于一浪。到1933年，股票平均价格下跌了75%，纽约证券交易所上市的各种股票的市值下降了450亿美元。1933年7月，美股最终见底，此时市值只有740亿美元。

在这场股灾中，从贫民到富豪大亨，无数的人失去了自己的毕生积蓄，有数以千计的人跳楼自杀。据说，当时美国一家著名五星级酒店的前台问候语甚至由原来的"先生，欢迎您入住"，改成了

"先生，您是想住店，还是想跳楼？"前文提到的大经济学家欧文·费雪也未能幸免，他在几天时间里就倾家荡产，负债累累，直到1947年在穷困潦倒中去世。

这次股灾的打击太过沉重，以至于人们在其后的数年间一直闻"股"色变。美国股市暴跌使得人们经济损失惨重，消费欲望锐减，商品积压更为严重，同时，股市和银行出现危机，企业融资渠道减少，生产不景气，反过来又加重了股市和银行的危机；股市、银行与整个经济体系的危机形成了恶性循环，国家经济陷入了萧条状态，失业率、自杀率急速上升，社会动荡不安。而因其特殊的经济地位，美国的这场经济危机最终蔓延到了整个世界，这期间有5 000万人失业，上千亿美元财富付诸东流，人民流离失所、苦不堪言。

4. "黑色星期一"再临

1987年10月19日,"黑色星期一"再次降临华尔街,美国爆发了历史上最大的一次崩盘事件。道琼斯指数一天之内重挫了508.32点,跌幅达22.6%,仅6.5小时之内,纽约股指就损失5 000亿美元,其暴跌幅度之大、速度之快震惊了整个金融世界,并迅速在世界股票市场引起了连锁反应,各国股市均受到严重冲击,人们再次陷入了较1929年股灾时有过之而无不及的惶恐之中。

第二次世界大战结束后,美国逐渐从1929年股灾的阴影中恢复过来,经济保持平稳增长,通货膨胀率和失业率都大大降低,投资者重新恢复了信心,证券市场再度活跃起来。到了20世纪50年代,股指大幅上升,1966年时达到了一个顶峰,道琼斯工业指数接近1 000点。此后,受石油危机、"水门事件"等影响,虽也经历过下滑,但到了80年代初期,股价又开始继续回升。1982年10月21日,股价为1 036点,突破了近10年前的最高点,11月3日达到1 065点,创战后最高纪录,到1986年12月,已达到1 896点,进入1987年后,股价涨势更加迅猛。

然而,在这段长达几十年的股市繁荣的背后,也埋下了重重阴影。首先是1973—1975年,以美元为中心的布雷顿森林体系瓦解,美国爆发了"二战"之后最严重的一次经济危机,通货膨胀加剧,失业率大幅上升。而从"二战"结束后就开始的美苏军备竞赛,也在极大程度上削弱了美国的经济实力。美国的贸易赤字和财政赤字都在以惊人的速度增长,1986年,美国负债已高达2 500亿美元,成为世界第一大债务国。与此同时,巨额国际游资及私人资本源源不断地流向了美国市场,这些资金往往是以追求短期利润为目的而在股市上从事投机交易,因而促进了股价的持续攀升,造成了股市的虚假繁荣。

1986年9月,西方七国财长齐聚华盛顿,贝克财长敦促各国帮助美国削减贸易赤字,却无果而终。此时的华尔街已经出现了波动。1987年2月,七国财长再聚卢浮宫,就稳定不断下降的美元汇率问题达成"卢浮宫协议"。同年6月,美外贸月赤字创最高纪录,达157亿美元。此后,从8月25日开始,美国股市出现较大波动,呈现跌势。进入10月,跌幅更加明显。10月5日至9日,道琼斯工业平均指数下跌了158.78点,第二周又下跌了235.48点,其中仅10月16日一天就下跌100多点。

1987年10月18日早上,因在之前美国为稳定金融市场上调官方利率时，联邦德国也紧随其后一起上调美元利率。贝克财长在电视节目中发表讲话称："如果联邦德国不降低利率以刺激经济扩展，美国将考虑让美元继续下跌。"此话一出，华尔街上空笼罩的阴云已浓重到了几乎滴水的程度。

1987年10月19日，星期一，上午9:30，纽约股票交易所开盘钟声敲响之后，市场马上陷入疯狂状态，道琼斯工业平均指数仅在开盘瞬间就跌去67个点。卖出指令像潮水般涌来，其数量之庞大几乎令纽约股票交易所计算机系统陷入瘫痪状态。交易所内200台微机从未处理过如此巨大数量的交易，以至于计算显示甚至落后于实际交易20分钟；中午，计算机系统中的指定指令转换系统慢了约75分钟，因容量不足，传送到系统中的3.96亿股的交易中竟有1.2亿股没有得到执行。

在数量惊人的抛盘打压下，荧屏上尽数翻起绿盘，道琼斯指数疯狂下泻。开盘不到1小时，道指已下跌104点，到上午11:00，道指仍在直线下跌。局势显然已经无法控制，期间有人提议关闭市场，止住下泄势头，但也仅是提议而已，无人敢站出来下这个决定。交易所主席约翰·费兰的一番话表明了管理层最终的态度："说老实话，全世界都把这个交易所看作美国经济的象征，你装也得装出个撑得住的样子。"

下午2:00，道琼斯指数已经下挫250点，有4亿多股股票易手，计算机比实际交易速度落后了100分钟。此时，距收盘还剩两个小时，人们在不停地呼喊、奔跑、打手语，华尔街一片混乱。下午2:05，道指上升350点，成功冲过2 000点，但此次反弹仅维持了一瞬间。下午2:30左右，股价走势似乎有走好迹象，然而反弹受阻，此处出现了新一轮下降趋势。此时，距收盘仅剩1个多小时，然而在这令人感到窒息的短短1个多小时内，道琼斯指数再度下挫250点，有2亿股易手。

下午4:00，收盘钟声敲响。道琼斯指数下降了508.32点，由2 246.72点狂跌到1 738.470点，跌幅达22.6%，创下了一天下跌的最高纪录。5 030亿美元——一笔相当于法国全年国民生产总值的股票面值就这样消失了。

在当天纽约股票交易所挂牌的1 600种股票中，除52种股票外，其余全部下跌。其中1 192种股票跌到52个星期以来的最低水平，就连蓝筹股也不例外。通用电气公司的股票下跌了33.1%，电报电话公司下跌了29.5%，可口可乐公司下跌36.5%，运通公司下跌38.8%，波音公司下跌29.9%……所有大公司的股票几乎都狂跌了30%左右。

"一切都失去了控制""这是美国证券史上最黑暗的一天"。这一天让无数的投资者损失惨重，富人们首当其冲，世界首富萨姆·沃尔顿一天之内在股票上损失了21亿美元，比尔·盖茨损失了39.45亿美元，许多百万富翁一夜之间沦为贫民，而最悲惨的还是那些将毕生积蓄投入股市的普通股民，他们原本是想借牛市为自己多赚些养老钱，谁知一天之内就变得血本无归。因承受不住股市暴跌和不堪债务的重压，许多人精神彻底崩溃，自杀的消息不断传来。银行破产，工厂倒闭，企业裁员，社会动荡，整个美国人心惶惶。

这场股市崩盘不仅震动了美国，也震动了全世界，股市暴跌在全球金融一体化的时代迅速产生了"多米诺效应"。1987年10月19日当天，东京股票交易所一开盘，股票价格便开始直线下跌，日经225指数下跌了620点，跌幅为14.9%；香港恒生指数下跌421点，跌幅为11.3%；新加坡海峡时报指数下跌169点，跌幅为12.4%；澳大利亚所有普通股价格指数下跌80点，跌幅为3.7%；此外，伦敦、巴黎、法兰克福、多伦、米兰、阿姆斯特丹等股市均有6%~11%不同程度的下跌。

其后的一周内，局势进一步恶化，各国股指继续下跌，其中尤以香港为最，继19日遭遇暴跌之后，20日早晨香港联合交易董事局宣布停市4天，而重新开市之后，10月26日，再度出现猛烈抛盘，恒生指数狂泄1 126点，跌幅达33.5%，创历史跌幅最大纪录。同时，东京、悉尼、曼谷、新加坡等股市也在持续下跌。亚洲股市暴跌的消息传回了欧美，又再次引发了欧美股市的下跌。

据统计，1987年10月19日至26日，因股市狂跌造成的财富损失高达2万亿美元，这个数字是第二次世界大战造成的所有损失的5.92倍，是名副其实的"失控的大屠杀"。

5. 震撼日本的1990

作为世界排名前列的经济大国，日本自100多年前证券市场建立以来，曾经遭遇过无数次股灾的洗礼，而爆发于1990年的股灾，因其引起的经济衰退期限之长、程度之深而格外让人印象深刻，很多人评论说，这次股灾在日本引起的恶性后果堪比美国20世纪30年代的大萧条。那么，这场股灾是怎样被引爆的呢？

进入20世纪80年代后，日本经济走势越发平稳，在汽车、电子、集成电路等行业的带动下，经济实力逐渐增强。至80年代末，日本的汽车产业在西欧、拉美遍地开花，当时，几乎所有的国家都蛰伏在日本强大的经济实力之下。

自1986年12月之后将近4年的时间里，这段经济异常繁荣的时代被日本人称为"平成景气"。而在"平成景气"中，日经平均指数由1985年的12 000点持续上升，在1987年美国为中心的西方股市大风暴影响下，日经指数短期下沉后率先"复活"，从而带动了全球股市的回暖，此后，股价一直呈强势上升，并在1989年12月19日达到

38 915点，较1985年最低点上涨了3倍多。证券业内有人看好50 000点大关，人们坚信，牛市的神话将永远持续下去。而野村证券——日本国内最大的券商甚至还做了广告，将永久牛市的观点比喻成"日心说"，将股票和房地产市场即将危险的言论比喻成"地心说"，并在广告上配上了哥白尼和托勒密的头像。

当时，日本国内经济理论界的人士普遍得出结论，认为是日本经济增长势头迅猛促成了日本股市大涨，但却没有人意识到，这场经济与股市繁荣背后隐藏着巨大的泡沫。

"二战"后，作为战败国的日本为了迅速摆脱经济困境，在政府主导下将有限的资源纷纷集中在扶持以出口为导向的行业和大型企业集团上。这一方面促进了汽车、家电、机床等行业的快速崛起，造就了我们在本节开头时所说过的经济繁荣景象；另一方面却导致国内的制造业、服务业和农业效率低下，缺乏竞争力。在促成了"结构性陷阱"的同时，政府更加依赖强大的出口提高经济实力，忽略了内需在拉动经济增长中应当发生的作用。所以，在日元逐渐升值，以及新兴的市场经济国家的兴起之后，日本原有的出口优势就开始逐渐被削弱了。加之日本政府集中鼓励出口，这就导致了日本企业技术以引进和模仿为主，科技创新能力不足。所以，当美国等国家大踏步地在信息高速公路上迈进的时候，日本经济已经陷入了衰退中无法自拔。

同时，20世纪初日本一直推行所谓金融自由化和宽松的超低利率政策。于是，在经济景气、收入增加的情况下，日本人更多地将存款转投股市和房地产，甚至是贷款进行投机。而银行为了扩大业务份额和市场占有率，也在积极推动人们进行土地、房产和股票投机，从而使土地、房产和股票价格大幅上涨。而此时，拥有大片土地的那些企业上市后，更是成为了股市猛涨的领头羊。

1985年9月，为解决美国巨额贸易赤字问题，美、日、英、法及西德等5国财长在美国签订著名的"广场协议"，决定提高其他货币对美元的汇率，日元1年左右上升了1倍以上。日元升值后，国外资本更加蜂拥而至，流入投资收益相对较高的资本市场，抬高了股价和地价。而对日渐膨大的股市泡沫，日本中央银行却始终视而不见。

而对泡沫膨胀起到推波助澜作用的还有企业和证券公司的非法交易。早在1965年，日本企业就发明了"法人持股结构"，即由企业从市场上大量吸收浮动股，然后让有交易联系的银行、商社、钢铁公司等法人永久持有这些股票，这样做的目的是为了稳定股东，而最后造成的结果就是法人持股比率提高，而法人之间的相互持股促进了行市平稳。进入20世纪70年代，大藏省允许按时价发行股票，法人购买能抬高股价的作用为日本企业所利用，发行公司为筹集更多的资金而加大力度稳定股东；以期控制股票的供求关系，促使股价上涨,再以高股价增资扩股。于是,为了收取高额手续费,所有证券公司都开始忙碌起来,纷纷开始将这种做法当成自己的业务积极地为发行公司工作。而日本政府采取的金融缓和政策让企业与券商看到了大肆投机的希望,这也成为促使股市泡沫膨胀的一大助力。

1989年5月,由于意识到了经济过热的压力,日本政府开始实施金融紧缩政策,提高贴现率,而贴现率的急剧提高直接影响了资本的市场收益率,股价开始下跌。因为对未来政策不再看好,人们的心理预期变糟,已经膨胀到尽头的泡沫终于要被戳破了。

1989年12月,日经股指高达38 915点,进入1990年,股指随即开始暴跌。到1990年10月份股指已跌破20 000点,1991年上半年略有回升,但下半年跌势更猛。及至1992年4月1日,日经平均指数跌破了17 000点,8月18日,再降至14 309点,基本上回到了1985年的水平。

截止到此时,股指已比最高峰时期下降了63%,上市股票时价总额由1989年年底的630万亿日元降至299万亿日元,日本股市的泡沫彻底破灭了。

随着股灾的发生,隐藏在巨大泡沫下的问题迅速暴露出来。整个日本企业库存增加、工业生产下降、经济增长减缓。与此同时,日本房价急剧下跌,1994年东京、大阪等主要城市的房价跌幅达50%,2004年房价最高跌幅达70%。日本终于尝到了当年资产价格的持续上涨激发人们借贷投机的欲望，日本银行急于给房地产商放贷的苦果。

1990年以后，日本金融机构盈利水平直线下降，不良债务率明显递增。据统计，20世纪90年代，日本金融机构倒闭数量达182家，约占全部金融机构数量的20%，赫赫有名的山一证券、北海道拓殖银行都包含在内。1992—1994年，有90家银行的信用评级被下调，11家主要商业银行1994年的税前利润下降超过90%。

房地产泡沫的破灭和不良贷款不可避免的增加，让日本银行背上了沉重的包袱，引发了通缩，使得日本经济经历了更持久、更痛苦的萧条。1975—1990年，日本GDP年均增长率4.1%，大大高于美国同期的2.7%，而1990—2000年，日本GDP年均增长率仅为1.6%。经济低迷导致企业负债规模大幅上升，破产企业数量逐年攀升，失业率高居不下。

受股灾的沉重打击，至此之后的20年中，日本经济再没有恢复过昔日的辉煌。时至今日，日本经济仍没有走出衰退的阴影。

【章末结语】

　　自股市诞生之日起，股灾就成了市场的一部分，与市场如影随形。股灾难以预测，也很少有人能真正躲过，它不但会夺去财富，而且还会夺去生命，更会让整个社会陷入动荡甚至倒退。

　　多数情况下，危机既不是天灾也不是某个模型的失效，而是源于人性中的某些致命弱点，例如对金钱的贪婪和对风险的无动于衷。所以股灾的根源不在别处，就在我们自身。任何事情开始都是有蛛丝马迹的，在危机来临时，我们需要冷静地作出不同于大众的独立判断，这不但需要勇气，更需要从前人那里借鉴智慧。

　　历史是现实的一面镜子，了解史实的一个重要目的就是揭示其背后的规律，找到镜鉴，寻求智慧。就像战争永远不会消失一样，股灾时常会改头换面卷土重来，这是人的贪婪和恐惧的本性使然，也是经济规律使然。历史总是呈螺旋状行进的，市场几百年的进退固然有偶发因素，但人性是几乎亘古不变的。熟悉历史上的这些大股灾可以更深入地了解人性，这样不但能更好地看管自己的财富，而且还能借机利用各种金融工具从市场获利。

　　历史是继往开来的纽带，是打开明天的钥匙。

第二章

逃顶

操盘圣手的成与败

A Brief History of the
Stock Market Crash

在股市的滔天巨浪中，大多数人难以逃脱失败的宿命，但也会有冷静睿智的操盘圣手横空出世。1929年的美国股市大崩盘，价值投资的鼻祖、巴菲特的老师格雷厄姆虽预感到危机，却未果断离场，结果造成巨亏；而勒布、巴鲁克、纽伯格等人却能够全身而退，后者还利用这次大跌有所斩获。更有甚者，天才交易员利弗莫尔则通过"做空美国"大捞一把，把个人财富提升到过亿美元，这个数字在当时算得上富可敌国。

　　面临同样一只黑天鹅，为什么大师们的表现会如此迥异？在这一章，我们将集中展示这些大师们在泰山崩塌之时的应对手法和心中历程，并分析其成功的经验和失败的教训。

1. 利弗莫尔：我的一生是一场失败

1940年11月28日，纽约曼哈顿一处酒店内传出一声枪响，一位花甲老人饮弹自尽，他留给家人的遗书中写着：我的一生是一场失败。这位老人，就是曾被誉为华尔街投机之王的杰西·利弗莫尔（Jesse Livermore）。

杰西·利弗莫尔出生于美国马萨诸塞州，14岁时，他来到波士顿一家经纪行打工，当时他的主要工作就是往行情板上记录行情，在这里，他第一次接触到了股票和债券交易，同时也挖掘出了自己预测股票变动趋势的天赋。21岁时，利弗莫尔怀揣2 500美元，单枪匹马闯入纽约华尔街，开始了自己的做空投机生涯。

1906年的一个夜晚，他迎来了自己投机生涯中第一个重大机会。当时他正在亚特兰大度假，在路过一家经纪行时，他进去看了一下行情。在当时"牛"气十足的行情中，他注意到了一家特别的公司——联盟太平洋铁路公司。在他看来这只股票已经涨到非同寻常的高位，到了非跌不可的时候。于是他果断出手，卖出3 000股，但股票继续上涨。第二天，他又卖出2 000股，然后匆忙赶回纽约。到4月18日，联太铁路公司的股票又创新高，而此时利弗莫尔已经放空5 000股。就在这时，圣弗朗西斯科发生地震，城市遭到破坏，铁路也陷入瘫痪，联太铁路大跳水，不到天黑，利弗摩尔一跃而成为百万富翁。

此后，在不到1年的时间里，利弗莫尔赶在纽约交易所股价崩溃之前，对上行的价格再次放空，在那段时间里，他每日的进项多达数10万美元。当然，他也并非无往不利。1908年，他在棉花市场上损失了100万美元，到1914年，他经历了人生中第三次破产，加上期间遭遇美国长达4年的经济萧条，利弗莫尔已欠下百万美元巨债。当时，只有一家券商愿意为他提供一笔为数只有500股的交易信用额度。但利弗莫尔并未因此而沉寂。

1915年，利弗莫尔看好了大发战争财的伯利恒钢铁公司，那时它的股价约50美元，但鉴于当时道琼斯工业指数并未显示强度，只有领导股牛角初露，利弗莫尔选择了蛰伏和等待，直至1915年5月下旬。

利弗莫尔在其所著的《股票作手回忆录》中，对著名的"伯利恒钢铁"一役也进行过描述：

由于众所周知的原因，在1915年早期那些关键的日子里我非常看好的是伯利恒钢铁公司的股票。简直可以肯定它要上涨，但是为了确保第一次操作就赚钱，因为我必须如此，我决定等到这只股票突破面值（100美元）之后。

我想我已经告诉过你了，我的经验显示：无论什么时候，一只股票首次越过100、200美元或300美元时，它几乎总要继续上涨30~50美元。越过300美元后，涨得比越过100美元时更快。这是一个古老的投资原则。

你可以想象我是多么渴望恢复过去那种交易规模。我太急于开始了，但是，我还是控制住自己。正如我所料，伯利恒钢铁的股票每天都在上涨，越涨越高。然而，我还是控制住自己不要冲动地去威廉森-布朗公司买入500股股票。我清楚必须使第一笔投资尽可能获益。

股票每上涨一个点就意味着我又没赚到500美元。……可是，我却端坐在那儿，我不是倾听心中喋喋不休的希望和闹闹嚷嚷的信念，只倾听经验发出来的冷静声音和常识给我的忠告。最后常识战胜了贪婪和希望！

时间终于来到了1915年6月。从6月初开始，伯利恒钢铁公司的股价就开始扶摇直上，3周内股价就达到90美元以上。在用了超过16周的时间等待大盘的强度，其中包括6周的时间等待伯利恒钢铁个股的强度后，当股价达到98美元时，利弗莫尔终于打响了股票市场上的经典战役。

我一下子买了伯利恒钢铁公司的500股股票，行情当时是98美元。我在98～99美元时买了500股。我想那天晚上收盘是114美元或115美元，我又买了500股。

第二天伯利恒钢铁涨到145美元时，我套现了。为了等待正确的时刻，我耗了6周，这是我经历过最费力耗神的6周，但是，我得到了回报，因为我现在已经有了足够的资本去进行有规模的投资了。

"伯利恒钢铁公司"一役让利弗莫尔东山再起，其后的时间里，他多次凭借卖空敛财，到1925年，利弗莫尔已积累起超过2 500万美元的身家。他的一举一动都能对股市产生巨大影响，甚至一条他即将入市卖空的谣言也会真的引起股价下挫。

从1928年冬到1929年春，多头市场全力奔驰，利弗莫尔在股市也大多是做多头赚钱。到了1929年，赫伯特·胡佛当上总统时，利弗莫尔认为，这个国家经济的不确定性，使得股票市场简直好到了让人难以置信的程度。3月，他做工业股票空头，然后转向铁路，当有人说他要在这里拼一拼的时候，实际上，他已转向石油公司股票。第二天股票大跌，他买进卖出股票，再次大赚一笔。

1929年的整个夏季直到秋天，美国经济持续高涨，巨额资金从四面八方流入华尔街，股价持续攀升。人们普遍认为，股市迎来了"好时光"，但利弗莫尔并未因此而盲目乐观。这份耐心与冷静，终于将他送上了事业的顶峰。

利弗莫尔努力搜阅金融报刊，并把自己的情报来源和报刊上的分析相互比较，预测出美国的股票市场将会出现一个前所未有的最大熊市，股价必将暴跌。

1929年9月，利弗莫尔从报纸上看到一条消息：英国人正为他们的货币担心。同时，他还得知，英国银行准备提高利率，美国联邦储备银行也打算把利率提高1个百分点。利弗莫尔由此推断：银行利率提高，许多人就会将钱存入银行，那么，股市的资金就将大大减少，接着就会出现抛售股票的浪潮，卖者多买者少，股价必定下跌。

与此同时，利弗莫尔还了解到，经济学家巴布森要在全国的商业会议做演讲，而在过去的两年间，巴布森都曾在这种重要会议上宣称经济的黑暗时期要到来，但这话从未引起过重视。利弗莫尔经过分析后认为，巴布森的警告是很有利用价值的。

于是，当全国的报社得到消息，说巴布森要做一场重要演讲时，利弗莫尔立刻走进股市，通过全国各地的经纪人着手卖出股票。利用巴布森在讲台上的讲演，利弗莫尔统共卖空股票30万美元。

巴布森果然对记者说:"用不了多久,就会发生一场大崩溃……道琼斯指数将下降60~80点。"此后不到半小时,记者们都纷纷向报社传回消息,称:"经济学家预测股市将下降60~80点。"

这一消息几乎在当天下午就通过报纸、电台传遍了全国。

当天,直到收盘之前利弗莫尔一直在不停地卖空。然后,就像之前一样,立刻有别的经济学家站出来驳斥巴布森的观点。于是第二天上午,利弗莫尔突然变换交易地位,将卖出的股票悉数买回。而几天之内股市果然恢复了原状,而此时的利弗莫尔便因为判断准确,抢先一步占据了主动地位而大赚了一笔。

这之后,利弗莫尔继续寻找机会不断卖空。10月24日,美国股市的灾难正式拉开帷幕。10月29日,股价狂跌不止,股市陷入崩溃。当众多持股者眼睁睁地看着手中的股票变成了废纸欲哭无泪时,利弗莫尔早已建立起庞大的空头部位,空头部位一经回补,瞬间便为他赚取了巨额利润。

此时的利弗莫尔已拥有了几辈子都挥霍不尽的财富,但他还是选择了继续在股市中拼杀,可惜的是,此后,好运气再没降临到他的身上:股市持续走跌,家庭生活不睦,利弗莫尔再难保持稳定的情绪,他逐渐失去了往日的冷静与睿智,甚至开始频频背叛自己的投资规则,而正如他之前告诫自己儿子时所说的那样,"我只有在违背自己的规则时,才会亏损",他在之前赚钱的生意上频频失利，财富开始锐减。

1934年，利弗莫尔再度申请破产。这之后，事业与生活的双双失意让他的忧郁症频频发作，最终，他选择用一颗子弹结束了自己传奇的一生。

2. 威廉·江恩：预测大师的战绩

威廉·江恩（William Gann），华尔街最具传奇色彩的技术分析大师、金融预测家，美国证券业最著名的投资家之一。

他所生活的年代充满动荡，他一生中先后经历了第一次世界大战、1929年股灾、美国30年代大萧条和第二次世界大战。然而，时局维艰中，他却凭借自己出色的预测技能赚取了5 000多万美元利润，在其近50年的投资生涯中，成功率高达80%～90%。

1901年，江恩以经纪人的身份成功地完成了第一次棉花期货合约买卖，在获得利润的同时他也赢得了自信。不久之后，他便正式开始了自己的经纪和投资生涯。

1908年，是江恩验证其市场分析理论及买卖技巧的开始。这一年，他宣布了自己最重要的市场预测方法——控制时间因素，在经过多次准确预测后，声名鹊起。

1909年，一本当时畅销的金融杂志对江恩进行了为期1个月的采访，期间由杂志记者检测他的投资买卖活动。结果，他惊讶地看到，江恩在25个交易日内总共进行了286次交易，既做多又做空。期间264次获利，22次亏损，获利率高达92.3%。而他的资本也在这25个交易日里增长了10倍。

江恩的一位朋友曾对他在此期间做过的交易有过这样一段回忆：

1909年夏季，江恩预测9月小麦期权将会见1.20美元。可是，到9月30日芝加哥时间12时，该期权仍然在1.08美元之下徘徊，江恩的预测眼看落空。江恩说：如果今日收市时不见1.20美元，将表示我整套分析方法都有错误。不管现在是什么价，小麦一定要见1.20美元。结果，在收市前一小时，小麦冲上1.20美元，震动整个市场，该合约不偏不倚，正好在1.20美元收市。"

1919年，江恩正式开始了自己的咨询和出版事业，不仅为读者提供自己对市场走势的预测，同时也发表自己对主要社会事件的展望。其中，最为著名的是他准确地预言了1929年美国股市暴跌的日期。

1928年11月23日，江恩在一份报告中预测了1929年美国道琼斯工业平均指数的走势。在报告的开头江恩就明确指出，1929年将会到达大牛终结的循环。因为这次牛市开始于1921年，是美国历史上为期最长的一次升市，股票价格已升至不正常的水平，因此，一旦跌势来临，就会异常迅猛。而1929年9月，是一个危险的月份。其后的事实证明了他的预测是完全正确的。1929年9月，道琼斯工业平均指数见顶于386.10点，之后开始下跌。10月24日，史上著名的"黑色星期四"，股票市场的灾难正式开场。仅在开市后的几小时内，股价就下降了40~50点。及至10月29日，"黑色星期二"当天收市，股指已跌至298点，跌幅达22%。两个月后，该指数滑落到200点以下。熊市震动了整个西方世界，到1932年7月，道琼斯指数跌幅已达九成。

因其精准的预测，股灾之后江恩迎来了自己事业的顶峰，同时他的书籍也开始受到追捧，而江恩也专注于著书立说，将自己在股市中总结出的规则尽数传授给大家。

至江恩77岁离世时，他已经为人们奉献了多部作品，当然其中所做的预测不可能完全精准，比如在《华尔街45年》中，江恩认为在1950—1953年，美国的经济都不会有大的起色，但事实上，1950—1953年美国经济又重新恢复了高速增长，相反倒是江恩认为见底的1953年才开始快速回落，1954年陷入衰退。虽说如此，但股市中原本就不可能有常胜将军，所以，正是这种失误才会让我们了解到更真实的股市、更真实的江恩。

3. 小罗伯特·R.普莱切特：宗师的败笔

小罗伯特·R.普莱切特（Robert R. Prechter），当代著名波浪理论大师。他的人生经历稍微有些与众不同，那就是在进入股市前，普莱切特曾演奏了4年的流行音乐并录制了唱片。直到今天，人们仍然可以通过EWI网站的链接中，找到并收听他的乐队当年的摇滚乐。

普莱切特于1975年开始了自己的股市生涯，不过，当时他的职位是纽约美林证券市场分析部的技术分析人员。20世纪70年代中期，普莱切特在纽约公共图书馆找到了R·N.艾略特唯一仅存的原稿，随后开始了自己艾略特波浪理论的研究，并于1976年开始在证券市场上发表自己的研究成果，而且，很快就拥有了一小批忠诚的粉丝。

1979年，他创立了艾略特波浪国际公司（EWI）并担任总裁，开始发行市场行情通讯。其后，普莱切特被引见给阿尔弗雷德·约翰·弗罗斯特，并与之合作编写了《艾略特波浪理论——市场行为的关键》一书。在书中，他们精准预测了20世纪80年代的大牛市行情，普莱切特因此而打响了名头，在股市中被奉若神明。

而此前直到1982年，美国道指仅有800点。当时整个美国国内以及国际环境极为恶劣：国内，在经历了整个20世纪70年代的"滞胀"灾难后美国经济处于急剧衰退的境地；国际上，东西方"冷战"进入白热化状态，国际范围内的大战似乎一触即发。就在整个股票市场被悲观氛围所笼罩时，普莱切特宣称史上最大的牛市即将来临，道指将上升至3 500~4 000点。当时，几乎没有人支持他的观点，所有人都觉得他是在痴人说梦。然而，上涨随之而来，而普莱切特也一夜之间变成了"牛市"的代名词，华尔街甚至干脆称之为普莱切特的牛市（Prechter's bull market）。

那一时期的普莱切特频频出现在媒体报端，行情炙手可热。而1984年，他在美国交易锦标赛中夺冠更进一步奠定了普莱切特的股市教主地位。

当时的竞赛为期4个月，在受监控的实盘期权账户中，普莱切特创造了444.4%的回报率，骄人的成绩让他正式开启了自己事业的主升浪。1989年12月，当时的金融新闻网正式称呼他为"一代宗师"。

直到1987年的美股大崩盘前，普莱切特一直拥有无数的拥趸。但是，正如他所信奉的波浪理论所说的那样，波峰过后就是浪谷。

1987年后，普莱切特开始对市场前景持悲观看法，他认为1987

年的崩盘是大牛市的结束。当年的10月20日，股市收盘时，道琼斯指数上升了102.27点，10月21日比20日又回升了186.94点，但这仍然无法改变普莱切特的看法。他认为此时的市场正处于波浪的顶峰，无论做什么都挽救不了。

1995年，普莱切特出版了自己的新书《在浪潮的波峰》。在书中，他再次表达了自己的悲观预测，其悲观程度甚至吓坏了当时的很多读者。可是，事实却狠狠打了普莱切特一个耳光——市场仍在继续上涨。而此时的普莱切特因为长期以来一直坚持自己的观点，而渐渐失去了自己的拥护者。

曾经的光环不再，而普莱切特最后也终于公开承认，自己在相当长的一段时间里的确看错了。他说："我的职业生涯中最大的一个错误，在识别了大牛市起点之后……太早跳离了这列火车。"

4. 本杰明·格雷厄姆：华尔街教父的失利

本杰明·格雷厄姆（Benjamin Graham），凡是对股票交易稍有涉猎的人对这个名字都不会感到陌生。他是著名的"华尔街教父"，其证券分析思想整整影响了三代人。包括巴菲特在内，至今活跃在华尔街的数十位资产上亿的投资专家都是他的信徒。

可以说，在股票交易方面，格雷厄姆既有天分又十分努力。从1914年大学毕业后步入华尔街，到1917年1月，格雷厄姆就为自己所就职的纽伯格-亨德森-劳伯公司赚到了数十万的利润，投资回报率高达18.53%。之后，小有名气的格雷厄姆开始尝试做一些小的个人投资，虽然也曾遭遇重创，但他却被打磨得越发成熟。

1923年年初，格雷厄姆自立门户，成立了格雷厄姆投资公司，由于格雷厄姆的业绩非常好，他的公司的资金规模也逐渐壮大。到了1929年年初，公司资金规模已从最初的40万美元上升到250万美元，时年35岁的格雷厄姆已然成了百万富翁。然而，正当他踌躇满志，准备将公司做得更大时，真正的打击来了。

1929年9月,股市开始持续大跌。10月29日,"黑色星期二",纽约交易所历史上"最糟糕的一天"来了,一天之中的股指跌幅达到了22%。此后的1930年5月至1932年11月间,共出现了6次暴跌,道琼斯指数跌至41点。到1933年,股票平均价格下跌了75%,纽约证券交易所上市的各种股票的市值下降了450亿美元。1933年7月,美股最终见底,此时市值只有740亿美元。

这场股市的灾难让无数富翁一夕之间面临破产,债台高筑,无数人经受不住打击跳楼自杀,而此时的格雷厄姆也同样遭遇了人生中最艰难的境地。

在大跌之前,格雷厄姆一心只想赚更多的钱,并未意识到问题的严重性,不但没有及时撤离,反而逆市操作,结果越陷越深,最终濒临破产,他的生活也因此发生了翻天覆地的变化。

在1929年年初的大牛市顶峰时,格雷厄姆在81街和中央公园西边一幢金碧辉煌的30层公寓大厦里,租了18层和19层两层复式的公寓套房,同时还雇佣了仆人,给自己的母亲买了豪华汽车,雇了专门的司机。而股灾之后,几乎破产的格雷厄姆只好削减家庭开支,他退掉了豪华的公寓,辞退了所有的仆人,只坐公交车,有时为了省几个小钱,甚至宁可步行多走几站地。他卖掉了给母亲买的汽车,辞退了司机。并告诉自己的母亲:没有汽车和司机,也能活下去。

与物质生活的天差地别相比,在股灾中判断失误给格雷厄姆的精神上带来的打击更难承受。格雷厄姆曾说:"众多的亲朋好友把他们的财富放心地托付给了我,而现在他们却因为我而一样变得痛苦不堪。我想,你们可以理解当时我那种沮丧到近乎绝望的感觉,这种感觉差点让我走上了绝路。"而在格雷厄姆写于1932年的一首小诗中,我们更清楚地感受到了他当时那种绝望到想要自杀的心情:

静静的,软软的,一如轻丝般的飞雪;
死神亲吻着孤独的人心;
它的触摸冷如冰霜,但总比无尽的忧伤好;
它的长夜一片漆黑,但总比不绝的悲痛强;
那灵魂不得安宁的人啊,何处才是你安息之地;
那可怜的雄鹿啊,你又怎能逃避丛林中的追捕;
烦恼缠绕着它的大脑,大地是它安息的枕头;
绝望笼罩着它的心情,泥土是它解脱的良药。

值得庆幸的是,格雷厄姆并未因此倒下,我们也并未因此错过被誉为投资者"圣经"的《有价证券分析》。格雷厄姆汲取了教训,积极改变投资策略,最终,凭着坚韧的毅力终于在5年后重新站了回来。而格雷厄姆在这次股灾中所总结出的经验教训也值得所有人借鉴:

如果有人能够严格遵循古老的普通股投资准则，那就会在牛市开始时抛出股票，然后独树一帜地远离市场，直到1929年股市崩溃，价格相对于盈利能力和其他因素而言又具备了投资价值时再重返市场。从事后看，这样做无疑也会因过早而蒙受损失，但只要能够依照那些古老而保守的普通股投资准则行事，那么他获得的获利机会足以弥补承担的风险。

5. 沃伦·巴菲特：股神的牛市选择

提起股市中的"神"，所有人脑海头中只会出现一个名字，是的，这就是沃伦·巴菲特（Warren Buffett），全球著名投资专家，2008年《福布斯》排行榜上的世界首富，以百万美元计却仍为无数人求之而不得的"巴菲特午餐"的主人公。

能被膜拜为神，足见巴菲特的交易手法绝对高明。自1956年入行至今，巴菲特已在股市中搏杀了50多年，这期间，他共经历过四次牛市。接下来，我们就一起来看一下巴菲特在牛市中是如何冷静应对，以保证自己的业绩不衰的。

第一次大牛市，巴菲特决定退出股市。

从1967年开始，美国股市就一直保持上涨势头，到1968年，股市简直可以用"疯狂"两字来形容，当时的日平均成交量达到了1 300万股，多于1967年的最高记录30%。股票交易所被潮水般涌来的被大量买卖单据压得气都喘不过来，而且这种情况一直持续了许多天。在1969年，道琼斯指数已经攀升到了1 000点以上。

1968年，巴菲特公司的股票取得史上最佳成绩46%，远超道琼斯指数9%的增长。可同年5月，巴菲特却陷入了苦恼之中。因为早在1966年时，巴菲特就发现自己已经买不到便宜的股票了，他预感到股市涨得过高，尽管股票都在狂涨，买哪一支股票都会赚钱，但是这种方式只适合短期而不适合长期。权衡之后，他说："我无法适应这种市场环境，同时我也不希望试图去参加一种我不理解的游戏而使自己像样的业绩遭到损害。"最终他宣布解散自己的公司，退出交易。而事实证明，巴菲特的决定是对的。因为从1969年下半年开始大盘就从1 000点跌到了800点，到第二年即1970年5月，所有股票跌幅过半。

1972年，巴菲特又遇到了第二次大牛市，而这时他选择了卖出大部分股票。自1970年大盘迅速下跌以后，1971年、1972年大盘又开始以惊人的幅度上涨。当时几乎所有投资基金都集中投资到一群市值规模大、企业声名显赫的所谓"漂亮50股"上，平均市盈率甚至上涨到80倍。当时，巴菲特的伯克希尔公司证券组合资产规模有1亿多美元，而他却决定抛售股票，只将16%的资金用来投资股票，其他84%的资金都投资到债券上。

到1973年，所有的"漂亮"股票都开始大幅下跌，等到1974年，大盘已经从最高处的1 000点跌到了580点，跌幅高达40%，这时的华尔街大多数人都在选择抛售股票，几乎没人愿意买进，而自从1966年退出股市后，已经闲了3年的巴菲特却开始反其道而行之。就像他后来对《福布斯》的记者说的那样，"我觉得我就像一个非常好色的小伙子来到了女儿国。投资的时候到了"。巴菲特大量买入，接下来大盘迅速上涨了60%，而巴菲特赚了80%。

1987年，是巴菲特遇见的第三次大牛。从1984—1986年间美国股市狂涨了2.46倍，仅1984年前8个月，大盘就上涨了40%。这时候所有人都陷入买进股票的热潮中，但巴菲特显然不这么认为，他分析说：现在的大牛市即使下跌50%也不奇怪，这是正常的。事实上，从1984年，也就是大牛市建立的前两年，巴菲特就开始抛售股票，到1987年大牛市建立起来，除了3只绝对不卖的股票（美国广播公司股票、盖可保险公司的股票和华盛顿邮报的股票），巴菲特基本上把所有的股票都抛掉了。1987年10月19日，大盘一夜之间下跌了508点，跌幅高达22.6%，而巴菲特一天时间里损失了3.42亿美金，相当于人民币25亿元。可是他仍然十分平静地坐在办公室里面看资料，除了中途时出来了一次告诉他的属下该干什么就干什么，接着又回办公室继续看资料。可以这么说，估计在当时的美国，巴菲特是唯一一个没有关注大盘大跌的人。然而，逆转就这样出现了。让所有人没有想到的是，10月份股市刚刚出现大跌，到年底的时候，大盘又迅速反弹，到当年年末，大盘还上涨了5%，而巴菲特赚了20%，又远远高于大盘。在接下来的1982—1985年美国股市上涨了48%，而巴菲特的业绩是64%，看上去他似乎永远都能战胜大盘，而这就是他的三支重仓股一次都没有动过的原因。

从1995—1999年，美国股市上涨近150%，巴菲特迎来了第四个也是史上前所未有的大牛市。这次涨势最重要的推动力是网络和高科技股票，而巴菲特却坚决不肯投资高科技股票，而是继续坚决持有可口可乐、美国运通、吉列等传统行业公司的股票，结果1999年大盘上涨了2.1%，而巴菲特他的收益率却只有0.5%，败给了市场，这也是巴菲特历史上投资业绩最差的一次。

在当年的年度大会上，巴菲特成了众矢之的，股东们纷纷指责他，媒体也都叫嚷着，说巴菲特的投资策略变成了过去式。然而，巴菲特仍然坚持自己的判断。而事实上，后来，巴菲特和自己的好朋友比尔·盖茨之间的一段对话为巴菲特此时的行为加上了注解。

据说，比尔·盖茨曾经花9个小时的时间向巴菲特推荐微软的股票，但是仍遭到了巴菲特的拒绝。盖茨曾经问巴菲特，说我的公司业绩这么好，为什么我的股票你一股也不买呢？巴菲特回答说，那我想问一下，你能确定再过10年软件会是什么样子，网络会是什么样子，电脑会是什么样子吗？盖茨说，我也不能确定，因为这个行业发展太快了。巴菲特说，既然连你自己都无法预测，我又怎么能相信你的公司呢？我不敢购买你公司的股票，但是咱们是好朋友，所以我可以以个人身份买。最后，巴菲特真的以个人身份买了100股微软的股票。

此外，对于大牛市，巴菲特也早就表达过自己的见解："还有什么比参与一场牛市更令人振奋的，在牛市中公司股东得到的回报变得与公司本身缓慢增长的业绩完全脱节。然而，不幸的是，股票价格绝对不可能无止尽地超出公司本身的价值。实际上由于股票持有者频繁地买进卖出以及他们承担的投资管理成本，在很长一段时期内他们总体的投资回报必定低于他们所拥有的上市公司的业绩。如果美国公司总体上实现约12%的年净资产收益，那么投资者最终的收益必定低得多。牛市能使数学定律黯淡无光，但却不能废除它们。"

之后，事实再一次证明了巴菲特的正确。

2000—2003年，股市连续3年大跌，跌幅分别为9.1%、11.9%、22.1%，累计跌幅超过50%，而同期巴菲特业绩却上涨了30%以上。

当然，在巴菲特漫长的投资生涯中也不可能都是辉煌，这其中也有很多败笔，睿智如巴菲特，也曾经败走麦城，伯克希尔哈撒韦纺织厂、德克斯特鞋业、康菲石油、乐购超市、美国航空……每次失败后，巴菲特都会进行深刻的反省总结，以免重蹈覆辙，而巴菲特的许多失败案例也常被各国股民拿来分析研究，以吸取经验教训。

2015年，因希腊政治混乱可能导致其退出欧元区的担忧，加上自6月15日起中国股市狂跌的重创，新一轮股灾再度来临。众多投资者纷纷在此役中折戟，富豪们更是首当其冲。6月29日，深圳股市大跌逾6%。排名世界前400名的富豪门一日之间合计亏损达700亿美元，超过了福特汽车或21世纪福斯公司的市值。其中，损失最多的是全球第二富豪奥尔特加（Ortega），一日亏损达22亿美元。而名列全球第三富豪的巴菲特这次同样没能逃过，一日损失达16亿美元。

巴菲特的失利再次为我们验证了那句话：股市中没有常胜将军。即便是"神"，有时也难免跌下神坛。

【章末结语】

　　股价被疯狂地推到山顶后,无数投资者留下了累累白骨。有趣的是,许多被封"神"拜"师"的操盘圣手也同样会折戟沉沙,甚至自此一蹶不振,一世英名自此终结。

　　对普通投资者来说,许多人倾其一生也达不到大师们的思想高度和实战水平,但了解这些圣手的应变手法和心路历程,可以引领我们更加清晰地认识市场,认识自我。大师们的经验都是用真金白银换来的,所以为了使自己少走些弯路,我们还是应该认真学习他们的经验和告诫。持久的伟大才称得上真正的伟大,投资不只是依赖知识的积累和分析能力的提高,甚至操盘经验也不是全部,而拥有好的人品则是不可或缺的。很多人落败的主因是人性的缺陷,因为市场会用资金倍增的方式奖赏人性的光辉,比如谦卑和自律、勇敢和忍耐,同时也会加倍惩罚人性的弱点,比如贪婪和恐惧、冲动和懒惰。

　　要想在股市中长期生存,就需要练就在愈演愈烈的股灾中成功逃生的本领,为此,借鉴前人经验、树立防灾意识、勤奋多思和自我管理,缺一不可。

第三章

监管

守夜人的宽与严

A Brief History of
the Stock Market Crash

政府怎样才能做好对证券市场的监管呢？我们认为应该注意两个方面：第一，做好"守夜人"的角色，不要让市场主体违反规则，同时还要防范一切可能出现的风险；第二，政府要管好自己，权力不能随便越位，每一项行为都要对市场负责。

只有居安思危，才能思则有备。管理层在平时应该大力规范游戏规则，加大执行规则的力度，并追究决策失误，才能从根本上防范或减缓系统风险。管理层不但需要对国内外历次股灾作认真的遍历分析，从中寻求镜鉴，寻求智慧，而且更需要以深刻的自省意识促进监管能力的提高。

股灾发生的原因是多元的，但监管和市场的失调一定是重要因素之一。管理层要勇于在危机时刻作出不同于市场的独立判断，而不是被市场失控的意志所左右。这不仅需要能力，更需要勇气和使命感。

1. 蛮荒时代的股市与原始的监管

一个新生事物的出现，最初总是与无序相伴的，但是渡过了最初的野蛮生长阶段，人们就会发现只有合理监管才能让新生事物从无序到有序，进而走得更远——尽管这种监管存在一定的滞后性。股票市场的情况也同样如此。

当我们提到最初的股票交易时，往往首先想到华尔街，但实际上，股票交易的历史是17世纪从荷兰开始的，紧随其后的是英国。这两个国家是西方最早出现股票交易的国家。到了1674年，也就是荷兰人将纽约让给英国的1年，华尔街才第一次出现证券交易。而到了1776年美国建国时，华尔街所在的纽约已经成为了美洲最自由和开放的城市之一。

在当时的华尔街，人们已经开始靠买卖债券、投资股票、期货保值等概念赚钱，这里是投机者的天堂，联手坐庄、操纵股市的情况层出不穷；这里也是专门的市场，政府在此为战争举债，大腹便便的富豪们为市场提供资金……那时候纽约还没有证券交易所，当然也就没有专业的证券交易人，股票的发行都是通过经纪人来完成的。而经纪人的门槛也非常低——随便谁都可以，只要你有兴趣、只要你能拉到生意。而聚集着大量经纪人的街边的咖啡屋就成了"微型交易所"，经纪人们会在这里一边闲聊，一边等待生意上门。假设有一个公司想要发行自己的股票，他们就会派人到咖啡馆找到这些经纪人来帮助他们发行，经纪人则要提取一部分佣金。这种松散的交易方式当然有自由灵活的优点，但是缺点也非常严重，那就是无序竞争。来自不同地方的经纪人为了拉到生意竞相压低佣金，还有一些不遵守秩序的经纪人另有高招：他们在咖啡馆探听到消息后，立即跑到咖啡馆外的"黑市"去做交易。慢慢地，矛盾越来越激化，经纪人们开始互相攻讦，场内的经纪人指责场外的黑市不守规矩，而场外的人抱怨场内的经纪人垄断市场。

这一时期的美国股票市场几乎是一个纯粹的投机市场，政府对于股票市场的发展几乎是全然的自由放任。华尔街的交易遵循着丛林法则，在这里适者生存，掠夺也并不是一件不可原谅的事。因此，经纪人之间的这种无序竞争其实算不上严重的问题，很快市场投资和操纵造成的真正恶果就暴露了出来。

1792年，美国联邦政府助理财政部长威廉·杜尔投机案爆发，直接导致了美国股票市场的第一次崩盘。这位股市大玩家操纵股市的方式其实很简单，杜尔与他人合伙进行股票投资，杜尔提供内幕信息，合伙人出资金。杜尔利用合伙人的资金买入纽约银行的股票，随后偷偷地利用自己的资金卖空纽约银行的股票，这样一来，无论纽约银行的股票是涨是跌，杜尔都能获利。但是由于杜尔的行为激怒了原先一起和他做空纽约银行股票的利文斯顿家族，利文斯顿家族人为引发了一场信用通缩进行报复，于是以杜尔为代表的华尔街多头们就遭受了一次灭顶之灾：一天之内，纽约就上报了25起破产案，一批富翁们一夜之间变成了穷光蛋，而许多普通市民多年的积蓄也付之东流，杜尔本人也锒铛入狱。在当时，人们普遍担心会引发一场金融危机，但幸好政府及时出手，宣布动用公众资金买进国债以重拾价格，保护银行及那些高价买进的投机人们，并且为陷入困境的债权人注资，此外还保证让有抵押品的银行以当时的利率为前提随意借钱。这些措施效果显著，大规模的衰退并没有发生。

　　杜尔案尘埃落定后，我们就看到了这次崩盘带来的一系列影响：首先，是大量的银行破产，纽约市甚至只剩下纽约银行和合众国银行在纽约的分行；其次，25~30年间逐渐繁荣起来的金融市场几乎被投机者毁灭；最后，也是最重要的，政府第一次对证券市场进行了监管——这次危机让政府看到了股票交易市场的风险，为了避免此类情况再次发生，1792年4月纽约市通过了将公众逐出远期交易市场的法令，并且限制银行业的过快发展。

在政府的规范下，华尔街股票市场在之后相当长的时间里不得不试着自己订立行业规则和交易程序，经纪人们商议建立"华尔街现代老板俱乐部"，这个俱乐部制定了华尔街的公共管理条例，初步规范金融市场。随后，一些主要的经纪商作出了一个决定，他们要在华尔街22号建立一个拍卖中心，这里可以提供人们想要的买卖服务，而拍卖中心则根据交易量来收取佣金。最初，一切进行得不错，顾客想要卖出股票的公司可以在这里挂牌出售，而经纪人可以帮客户拍卖、购买股票，拍卖中心对于交易者也具有了一定的约束力。但是这个交易体系很快就被打破了。场外交易越来越多，许多外围的经纪人会进入拍卖中心探查最新的股票价格，而交割则在场外进行，由于他们在场外市场以更低的佣金售出同样的股票，场内的经纪人面临着极大的压力，很多时候也不得不进行场外交易。在这种情况下，主要的经纪商们于1792年3月21日在克里斯酒店聚会，他们要重新建立一个真正排除场外交易的拍卖中心。经过不断的协商后，5月17日，21个经纪商和3家经纪公司在华尔街68号院梧桐树下达成一致，他们在协议上郑重写到："我们，签字者——作为股票买卖的经纪人庄严宣誓，并认真承诺：从今天起，我们将不为任何人以低于0.25%的佣金费率买卖任何股票；同时，我们还承诺在任何交易的磋商中，将给予同盟者以彼此的优先权。"这就是著名的《梧桐树协议》。该协议在实质上设置壁垒，将会员经纪人和其他经纪人隔离开来。彼此互助的会员们既是拍卖中心的出资者、控制者，也是拍卖中心的使用者，同时还是交易费用的制定者，这在事实上实现了市场垄断。《梧桐树协议》具有重要的意义，它第一次引发了经纪人们对会员资格取得的条件和程序、席位管理、证券清算交割的内部监管、风险控制的制度性思考，后来的纽约证券交易所就是据此建立。而到了1817年3月8日，24个原始会员们租了一套房子，重新起草了一份正式的章程——《纽约证券和交易管理处协议》，建立了"纽约证券交易委员会"，至此，一个集中的证券交易市场基本成形。46年后，他们建起了属于自己的交易大楼——纽约证券交易所。

这是一个泥沙俱下的时代，从18世纪至19世纪初，股票市场的交易是完全的庄家市场，是被完全操纵的，像杜尔这样的政府官员都可以明目张胆地利用职权进行股市投机。幸运的是杜尔案也引发了政府和华尔街精英们对交易监管的思考，在此后的岁月里，他们竭尽全力试图寻找这样一个平衡：既能规范市场、规避风险，又不会抑制市场发展，但是在很长的时间里结果都并不尽如人意。

2.《泡沫法案》下的金融寒冬

不一样的眼光会导致不一样的结果。美国的股票市场因为威廉·杜尔案的影响而初步建立了自己的规则和秩序,英国股票市场却因为南海泡沫后政府的严厉监管而陷入了近百年的停滞。

在17世纪后半叶,经济中心已经从荷兰转移到了英国,在荷兰创立的股份公司在伦敦得到了蓬勃发展。在伦敦的皇家交易所之中,交易非常活跃,俄罗斯公司、东印度公司等公司的股票也混杂在商品交易中进行买卖。一时间,这里俨然成为了世界股票市场的中心。

但是好景不长,一片繁荣中其实已经埋下了祸根,导火索就是南海泡沫的破灭。前文已经介绍过南海股灾的经过,此处不再赘述。在10个月的时间里,南海股价一落千丈,从1 000多英镑跌到了100多英镑,愤怒的股民们在全国各地组织公共集会,要求国会对南海公司进行核查,披露其真实的经济账簿。等国会组织了调查委员会调查后才发现南海公司账簿缺少数页,还有多处用小刀等工具修改的痕迹，公司雇员销毁了许多可作为罪证的文件。愤怒的公众用"吃腐肉的狗"和"男盗女娼"等语句来怒骂董事们。南海公司的董事们固然逃避不了刑责，但事实上，英国政府对这次股灾也负有很大的责任。南海泡沫股灾发生前，英国政府过度地纵容南海公司，比如英国政府允许中奖债券与南海公司股票进行转换，又比如为了刺激股票的发行，政府默许投资者以分期付款的方式购买南海公司的新股票，更为离谱的是英国政府不去核查南海公司的经营信息，任由南海公司对外吹嘘，让投资者变得更加狂热。而且，当南海公司以300%甚至400%的溢价发行股票时，英国政府并没有根据南海公司的实际盈利能力及时地予以制止，反而连议会的议员和国王都争相购买了南海的股票……这一系列情况给公众投资者造成了南海公司是政府认可公司的印象，于是南海公司股票价格一路狂飙上涨。当政府清算南海公司的实际资本时，发现已所剩无几，那些高价买进南海股票的投资者都遭受了巨大损失。

但需要指出的是，对于英国金融市场影响最大的其实并不是南海泡沫本身，而是由其引发的《泡沫法案》（Bubble Act）。1720年6月，在财政大臣罗勃特·沃波尔提议下，国会通过《取缔投机行为和诈骗团体法》，这就是著名的《泡沫法案》。法案规定，在没有议会法案或国王特许状给予的法律权利场合，禁止以公司名义行事、发行可转让股票或转让任何种类的股份，严惩非法的证券交易。英国政府通过《泡沫法案》的目的是遏制各类民间"泡沫公司"的膨胀，没想到却刺破了南海公司这个大泡沫。许多民间合股公司解散后，狂热的公众开始慢慢清醒，南海公司之前编造的谎言被戳穿，股民们终于发现南海的真实业绩十分惨淡，与期待的投资回报相去甚远。恰恰此时，法国股市崩盘的消息传到伦敦。惊惶的英国人立刻狂抛手中的南海股票。南海股价一落千丈，许多昔日的富翁从此一贫如洗。此后数十年间，英国人对于股份公司和股票交易谈虎色变。而英国政府通过的《泡沫法案》，虽在一定程度上遏制了泡沫的再次出现，但却对股份公司实行封杀，严重抑制了股份公司的发展。《泡沫法案》规定任何未经合法授权而组建的公司，及擅自发行股票均属非法，股份公司一般不具有法人资格；严惩非法的证券交易，从而保护股东及社会利益。但实际通过的法案却故意使法人形式难以采用，股份制完全被限制住了。毫不夸张地说，《泡沫法案》的历史作用使英国公司制度的成长向后推迟了100年。

《泡沫法案》在100年的时间里，一直约束着英国证券市场，甚至自1741年起，这一法案在英属北美殖民地都有效力。而在英国本土，这项法案被执行得更加坚决。1807年11月，检察总长仍在以《泡沫法案》为依据，起诉两个公司非法设立可转让股份的行为。《泡沫法案》对英国股份公司发展的消极影响由此可见一斑。在这一期间，英国政府对股份制和公司制度的发展一直扮演着破坏者的角色，它没有采取适当措施引导公司健康成长，而是故意扼杀。直到19世纪工业革命开始后，英国才不得不撤销《泡沫法案》，并代之以《贸易公司法》，因为迅速发展的经济需要巨大的融资能力，股份制势在必行。

就这样，英国政府在股灾监管方面的首次法律尝试以失败告终，它只是带来了长达一个世纪的金融冬天，而正面收获甚微。

那么英国政府到底做错了什么呢？

首先，在应该监管的时候缺位。凯恩斯曾说过，股票市场是一场选美大赛，人们完全是根据其他人的评判来评判参赛的姑娘。就像我们知道的，金融市场是非均衡性的市场，因此只要有足够多的资金，可以把任何资产炒出天价，导致泡沫急剧膨胀。虽然证券市场自身对股票价格的形成有一定的调节能力，但政府的监管依然是不可或缺的。

其次，从一个极端走向了另一个极端。英国政府对待南海泡沫的态度很不明智，从发生前的过度放纵，到之后的一棒子打死，我们看不到正面的监管，只看到了严厉政策带来的巨大金融灾难。

在对财富的憧憬中，公众的理性防线会彻底崩溃，这个时候政府就需要负起监管责任。但是从《泡沫法案》中，我们也看到了一个粗暴的、慌乱之下制定的严苛制度会酿成怎样的金融恶果，因此每一项制度的完善都需要政府更耐心、更谨慎地思考。

3. 在博弈中不断完善的证券监管制度

美国有着目前最为发达的证券市场和最严密的证券交易制度，但是美国证券业的监管体系也经历了一个漫长的、逐步演变和完善的过程。而通过对美国证券业监管体系的观察，我们将会对政府的监管与交易制度的完善有更加深刻的理解。

前文中，我们已经提到过，美国的证券交易是完全自发形成的。在当时，美国的商业信奉"最少干预的政府就是最好的政府"，政府对证券市场没有采取任何规制的措施，仅仅依靠证券商、交易所的自律及各州制定的蓝天法来维持市场运行，也就是说，主要靠市场自律。这种没有政府管制的情况一直持续到19世纪末。比如1860年，权威的经济杂志《商业和金融周刊》对新股发行制度提出了几项改革措施，其中包括"董事会需经过2/3的股东同意才能发行新股""新股必须公开发行并给予足够长的预告期""所有上市公司都必须保存其所有流通股票的总量记录"等建议。但是这种自律并不是很可靠，追求利益最大化的证券商没有真正地做到自律，投机者则利用各州交易的宽严尺度差异来谋取利益，于是整个证券市场投机活动猖獗，充斥着各种无耻的欺诈行为。华尔街证券交易市场的体量越来越大，至1856年，有360家铁路股票、985家银行股票、75家保险公司股票、几百种公司债券、市政债券、地方债券和联邦债券一起加入了交易之中。但在那个时代，居然没有任何法律要求上市公司公布财务报告。事实上，这个时候是市场在呼唤来自政府的监管，因为当越来越多的公众参与华尔街的投资活动中时，这里就不再是私人俱乐部了。剧烈的市场波动会带来恐慌、带来股灾，甚至会带来可能摧毁美国乃至世界金融体系的灾难。毕竟市场自身的自律虽然可以规范内部市场，却无法抵御系统性的风险。

很快，一场偶然又必然的股灾爆发了。

1907年，两个来自德国移民家庭的投资者试图操纵美国的铜矿市场，不过这次操纵行动却失败了。他们的失败连累了为他们提供资金的银行，并且引发了一次大恐慌。存款人拼命冲向银行，想把自己的存款提出来，结果银行破产了。就像多米诺骨牌一样，危机很快就蔓延到了纽约证券交易所，如果主要的经纪行无法获得足够的现金，那么交易所将被迫关门。

糟糕的是，此时的美国还没有能够印钞的中央银行来应付这场危机，罗斯福政府束手无策，只能请求大亨J.P.摩根来帮助解决。摩根同意出手，他的行动也非常迅速。当天晚上，摩根将纽约的几个银行家召集到自己的办公室，豪迈地宣布："该是结束恐慌的时候了！"他们很快就折腾出了一个方案——动用清算中心的存款以增加流动性，增强民众的信心。于是，市场上立刻增加了8 400万美元的巨额货币供给。接下来摩根又拯救了经纪商——在20分钟内筹集到了2 500万美元现金，确保了纽约证券交易所继续营业；他还从欧洲买入了大量黄金，以扶持美元，充实美国国库。就这样，摩根单枪匹马地拯救了华尔街。

恐慌过后，人们开始认真思考，既不希望类似的事情再次发生，也不希望看到私人银行扮演央行的角色。1907年的这场股灾就成为了一个重要转折点。美国政府开始修正自己的观点——证券交易市场需要监管，华尔街的庞大财富既可以成为美国经济的助推器，也可能将美国金融体系毁之一旦。而那些明智的经纪商和华尔街精英们也意识到，市场公平的重要性，而谁能真正维护市场公平呢？答案只能是政府。于是这次股灾之后，美联储被建立了，这意味着华尔街有了坚实的后盾，也要接受更严格的监管。当然，这还仅仅是一个开始。

美国证券监管里程碑式的法律是1933证券法和1934证券交易法，而这两部法律是1929年大崩盘的产物。

1929年10月24日的"黑色星期五"，导致了股市崩盘，这是有序资本主义的第一次危机，更为致命的是这次股灾直接引发了金融危机，进而导致了20世纪30年代席卷资本主义世界的经济大危机。经济学家理查·M.萨斯曼曾说过这样一段话："如果有什么人在1929年中买入股票而且一直持有的话，那么可能要白白等待大部分人生时光消逝，才能挽回自己的亏损。"这次的股灾给了政府一个惨痛的教训：市场的自我监管和华尔街的行业规矩无法取代法律，政府需要完善有效的联邦法律对证券交易加以监管。

从1929年大萧条以后至1954年，美国的股市开始进入重要的规范发展期。大萧条之后，罗斯福开始推行新政，试图重构美国证券市场的监管框架：金融操纵被立法禁止，上市企业的信息透明度和投资者保护成为华尔街监管的主题。但是罗斯福政府的监管措施遭到了华尔街既得利益者的抵制。保守派们甚至告诉调查人员说他们犯了一个巨大的错误，交易所是一个完美的机构。他们甚至还发动了"资本罢工"，当时华尔街所有的大银行，还有其他不计其数的小银行，都拒绝承销任何新发行的债券，也拒绝提供贷款。但是在当时的氛围下，对华尔街的监管已经势在必行，华尔街再也逃不过政府的监管：罗斯福开始对银行体系、货币政策和证券交易体系进行一系列改革，而这些监管措施也为华尔街之后的大繁荣奠定了基础。

1933年3月9日，罗斯福颁布的《银行紧急救助法令》赋予总统控制信用、货币和黄金的广泛权力，并允许财政部部长购回黄金和黄金票据。随后两个月，罗斯福又签署了《联邦证券法》，这是美国历史上第一部规范证券交易的法律，该法主要规范了证券发行人的信息披露。同年6月份，美国国会取消了金本位制度，并通过了《1933年银行法》。该法案主要内容有两点：第一，商业银行必须与投资银行严格分离，大名鼎鼎的摩根大通就分拆为专营商业银行的J.P.摩根和专营投资银行业务的摩根士丹利；第二，建立联邦存款保险公司，对5万美元以下的银行存款提供保险。

而在1934年通过的《证券交易法》主旨在于限制保证金交易，并防止过度投机，这很好地规范了证券交易行为，并促成了证券交易委员会（SEC）的建立，值得一提的是《证券交易法》原本将很多种特殊的交易方式界定为非法，包括卖空行为，但在最后通过时，只将"操纵市场"认定为非法，至于什么是"操纵市场"的行为，则留给了即将成立的美国证券交易委员会裁定。1940年通过的《投资公司法》《投资顾问法》主要针对共同基金做了规定，限制关联交易，加强信息披露，并要求基金从业人员在SEC注册，同时规定了使用杠杆的上限。1941年保险公司又一次被允许购买股票，养老基金逐步成为股票市场最主要的机构投资者。而从1954年起，机构投资者迅速发展，美国股票市场也进入现代投资时代。

就这样，美国证券市场在自我监管一百多年之后终于完善了关于证券发行、交易和投资基金的法律，在自我监管与政府监控之间找到了某种平衡。

1996年，国会进一步扩大了SEC的权力，赋予SEC实施对1934年法案条款的豁免权力。1998年，依据这一新权力，SEC豁免了电子交易系统（ECN）不必遵守传统交易所应当遵守的规章。

在20世纪90年代末，美国的股票市场随着网络股泡沫的破灭而开始下跌，美国经济也从2000年开始步入衰退。9·11恐怖袭击更是导致了美国股票市场的进一步下跌，很多被牛市掩盖的金融丑闻也被随后揭露出来，政府不得不采取了一系列措施打击金融欺诈，恢复投资者的信心。

到了2002年，随着安然事件和世通财务丑闻的爆发，号称"自罗斯福总统以来美国商业界影响最为深远的改革法案"《萨班斯法案》通过了，这一法案对美国上市公司的会计和公司治理进行了更严格的规范，而404条款则是法案中最核心的一个条款。条款规定：在美上市企业，要建立非常细化的内部控制机制，同时对重大缺陷都要予以披露。《萨班斯法案》在一定程度上恢复了公众、股民对美国上市公司、股市的信心，在遏制证券欺诈方面也有显著的效果。而随着科技的发展，大数据监管、舆情监管等新型监管手段也在越来越多地发挥着监管作用。利用互联网时代的大数据技术特征，实现银行、证券等监管领域活动数据的整合和共享，通过高效分析手段及处理技术，降低跨领域监管成本与难度，使跨领域合作与监管成为可能。

现在，在全球的证券市场中，政府监管已经成为了主导监管力量，而证券行业的自我监管则成为辅助监管力量，上帝的归上帝，凯撒的归凯撒。毫无疑问，这是公众、证券行业和政府之间相互博弈的最终结果。

4. 各国政府的救市与托市

对于证券市场，现在各国政府的态度基本都是两手抓：一手抓监管，一手抓救市。在证券历史上几次股灾的营救中，我们都能看到政府的身影。政府在成熟市场中通常充当"守夜人"角色，在金融市场发生重大波动时，政府直接而果断的干预是国际上通行的做法。政府及时出手干预避免市场大幅波动是必要的，它可以缓解市场忧虑、恐慌情绪、避免市场由于"潮水效应"出现崩盘。

说起政府的托市、救市，其实最早可以追溯到1792年。威廉·杜尔案引起的巨大股灾中，政府开了财政救市的先例，当时的美国政府以援助银行的方式救市，挽救了危机。但是政府应该救市或托市吗？后世一直存有争议。有一种观点认为股市涨跌由经济规律决定，当一波行情需要由政府政策维持时，也就说明行情已经走到终点，不存在继续上涨的理由；而另外一种观点则认为政府救市或托市是针对恐慌性下跌，是避免造成金融危机的最好办法。但是政府就应该坐视股市暴跌而毫不作为吗？由历史上几次著名的股灾及股市暴跌及政府的反映给我们的经验教训来看,答案毫无疑问应该是否定的。下面我们就分享几个案例。

案例一,1929年股市大崩溃。

在证券市场的历史上,股市的快速下跌发生过很多次,但是1929年的股灾却给人们带来了难以想象的巨大损失(详见第一章),当然高杠杆比率也加大了这次股灾的严重性。在10月28日、29日两天,道指大幅下挫,但是政府并没有在第一时间采取托市措施。因为在当时,美国政府奉行的是不干预的自由主义经济政策,他们明显低估了这次股灾的严重性,还在幻想市场自身会消化危机。于是在恐慌性抛售不断发生,连银行也接连倒闭的时候,美国政府仅仅是发表了一些口头讲话,而美联储也没有及时释放流动性。也就是说,在1929年股灾发生时,政府和美联储都没有采取任何实质性的托市或救市行动:既没有及时制定法案法规稳定人心,也没有增加货币供应量保证流动性。这里插一个小花边,在1929年美国股灾中,救市最积极的居然是摩根银行。当时摩根银行试图托市,联合了政界、工业界、银行界的一些知名人士出面支撑经济,但却无济于事,投资者的恐慌情绪并没有因此平息下来。系统性风险爆发了,人们疯狂挤兑、银行倒闭、工厂关门、工人失业……美国经济从此进入大萧条。

股灾后，美国政府终于开始了反思，并且采取了一系列异常坚决的措施救市。首先是通过了《1933年银行法案》，从此投资银行和商业银行正式分业经营；其次又先后通过了《1933证券法案》和《1934证券交易法案》，并成立美国证券交易委员会，证券监管体系真正建立了起来。这些法案是具有里程碑意义的，但是从短期来看效用不大，美国股市也在之后开始了漫长的熊市。

案例二，1987年美国股灾。

同样是巨型股灾，同样发生在美国，但是由于政府的处置措施不同，结果也就大不一样。1987年10月19日，这是一个"黑色星期一"，纽约股票市场爆发了历史上最大的一次崩盘事件（详见第一章），这一次的股灾甚至冲击了伦敦、法兰克福、东京、悉尼、香港地区、新加坡等地的股市。造成这次股灾的原因很复杂：当年联邦基金利率上调的影响、布雷顿森林体系瓦解、美元的预期贬值、海湾战争升级的传言、程序化交易和杠杆交易等等。

股灾发生后，美国政府的反应非常迅速。美国总统里根和财政部长贝克第一时间发表声明稳定市场，美联储也在第二天发表紧急声明，支持商业银行为股票交易商继续发放贷款，除此之外还大量购买政府债券并降低利率；政府也出面向多家大公司提供资金以便回购股票，这项措施的成效是非常显著的，一周内就有600多家公司宣布要在公开市场上回购本公司的股票；美国政府还与各主要国家协调汇率政策，干预外汇稳定美元汇率避免游资流出；股灾发生的第二天中午，芝加哥商品交易所和期货交易所也相继暂停交易，阻断了程序化交易可能造成的恶性循环。

在政府的力挺下，道指迅速反弹，市场慢慢稳定下来，这次股灾也没有对美国经济造成太严重的影响。

案例三，日本股灾。

20世纪80年代，是日本经济的黄金年代，景气的经济形势也使得日本股市大涨，当然也吹大了经济泡沫。在1989年，日本政府5次提高官方利率，日本股市开始出现高位大幅波动，在日本人的恐慌情绪推动下股价大幅下挫。后来日本股市虽然一度反弹，但也不过是强弩之末，日本股市很快又一路狂跌，跌至1992年8月18日的14 304点。

在股灾中，日本政府做了什么呢？日本政府并没有采取及时果断的措施来稳定市场，只是采用了降低利率、增加货币供应等传统危机处理方式，结果收效甚微。直到1997年日本金融系统崩盘后，日本政府才终于彻底改变了态度，成立了新的金融监管机构，完善金融体系，还在1998年通过了以金融机构破产处理为核心的《金融再生法案》和以事前防范金融危机为目的的《金融健全化法案》。尽管这些强力救市举措迟到了近9年，但是市场对于救援计划的反应却非常强烈，日银行股在3个月内上涨20%，日本经济"失去的10

年"已经不可能再找回了。

案例四，1997—1998中国香港股灾

中国香港股灾最初的起因是人祸。1997年之前，香港地区股市一片繁荣，结果在继泰国、菲律宾、印尼和马来西亚之后，成为了国际炒家的下一个目标。1997年10月，国家炒家开始做空港股和港币，尽管中国香港充足的外汇储备足以维持币值稳定，但金管局的市场操作和加息行为却直接导致了港股的大跌，一次股灾即将爆发。在当年的10月22日至28日，恒生指数跌幅达27%，股市市值两个月之内蒸发21 000亿港币，缩水1/3。

中国香港特区政府迅速行动起来，开始打击恶意做空套利行为，在股票和期货市场上主动做多：香港特区政府动用约1 200亿港币外汇基金购买恒生指数成份股和股指期货托市；用外汇基金买入港元存到香港银行，以保持汇率和利率稳定；金管局则入市坐庄，逐步将恒指推升至8 000点水平；颁布限制卖空和外汇、证券交易和结算新规定打击空头；动员部分蓝筹和红筹公司回购本公司的股票。这些措施成功阻击了国际游资的做空行为，恒生指数逐渐企稳回升，到1999年7月重上14 000点。

案例五，2008年次贷危机。

与上述的其他股灾不同，2008年次贷危机首先是从房市开始的，这场危机随后蔓延到了金融体系。2008年9月，次级贷款危机集中爆发：房利美和房地美先后被政府接管、投行雷曼兄弟申请破产保护、美林被美国银行收购、摩根士丹利和高盛由投资银行转为银行持股公司……美股因此大幅下跌,3个月的时间里道琼斯工业指数就下跌了31.2%。

美国政府开始积极救市,美国联邦储备理事会与其他央行联手向市场注入2 000亿美元资金,缓解信贷市场流动性;美国财政部则向两房伸出了援手,提高其信贷额度,同时联邦住房金融局接管这两家公司的管理;国会通过7 000亿美元救助计划,包括援助企业巨头、购买养老金计划、房屋抵押贷款等;美国政府同时宣布禁止一段时间的卖空操作。这是美国史上最大的金融拯救行动,市场恐慌情绪很快平静下来,美股2009年3月起开始触底反弹。2010年1月,美国公布"沃尔克规则",强调将自营业务从商业银行剥离;同年6月,国会通过《多德弗兰克法案》。我们可以将这些政策看作是危机后,美国政府对监管制度的再次改革。

在对巨大财富的憧憬和破灭中,公众的理性心理防线很容易崩溃,这就解释了为什么在任何股市中都会发生股灾。而股市总是与经济共兴衰,股灾的发生不但可能引起金融危机,很多时候甚至会导致经济危机。因此,各国政府在发生股灾时出手救市、托市已成了惯例。每个政府的救市经验,都是从无到有,慢慢摸索出来的,虽然中间难免会有波折,最终都将逐渐成熟、规范、标准化。

5. 中国证券监管体制的发展

相比欧美证券市场，我国的证券市场起步较晚，只有20多年的历史，还是一个新兴市场，因此存在着很多问题，比如信息披露不足、管理无序、政出多门等。但是我们的证券监管体制也在不断健全完善，当我们认真回顾中国的证券监管历程，就会发现自己已经走了很远。

中国股市最初还仅仅是一种尝试，1984年设了试点，而在试点初期，股票发行基本无人问津。上海相对还要好一点，而深圳则是真正的冷冷清清，尽管有政府的号召，第一只股票深发展的认购也只完成不到发行总额的八成，其间还不时传出一些"股市要关门"之类的传言。但是到了1990年，深发展等股票开始分红派息并且拆细，人们突然看到了股票的价值，于是第一次炒股狂热出现了，以深发展为例，该股到了1994年4月，每股股价较发行价已经上涨了784%，达到了176.78元。接下来股市就进入了20多年的高速发展期，到了2015年，A股上市数量已经达到了2 780家，总市值则超过了70万亿元，股市已经成为可以影响经济发展的重要力量。而中国股市的发展过程，也正是中国证券监管机制不断修正、完善的过程。至2000年年底，我国已经逐渐通过了大量的证券期货市场法律、法规：《中华人民共和国公司法》和《中华人民共和国证券法》，20多件行政法规和法规性文件，150多件部门规章。证券期货市场初步形成了以《公司法》《证券法》为核心，以行政法规为补充，以部门规章为主体的证券期货市场法律、法规体系，而2000年后，证券的法律、法规更是不断被修订和替代。

我们可以将中国证券监管体制的发展大致分为三个阶段。

第一阶段是从20世纪80年代至1992年5月。这是中国证券市场的起步阶段，1990年，上海、深圳证券交易所成立，分散的柜台交易迅速转变为场内集中竞价交易。在此阶段，管理不规范、不统一，上海、深圳两地的地方政府充当了主要监管者的角色。值得一提的是，上海、深圳两地的人民银行分行陆续出台了一些有关法规，对证券发行与交易行为进行初步的规范。

第二阶段是从1992年5月至1997年年底。这是从分散管理到集中统一管理的过渡阶段，1992年5月，中国人民银行成立证券管理办公室，这是一个具有里程碑意义的事件，它标志着中央政府真正参与证券市场的管理中来。当时证券市场规模迅速扩大，开户股民不断增加，因此由政府参与监管、建立一个全国统一的市场其实是一种必然。这之后没多久,中央政府代管证券市场的格局就被打破了,起因就是著名的"8.10事件"。在1992年1月,一种叫作"股票认购证"的新鲜玩意在上海流行起来。5月时,上交所放开了仅有的15只上市股票的价格限制,引发股市暴涨,沪市一日涨了105%(那时还没有涨停限制)。这次暴涨彻底刺激起了中国人的股市暴富梦。于是在8月10日,深圳"1992股票认购证"第四次摇号时,投资者已经狂热了起来。当时预发认购表500万张,每人凭身份证可购表10张,结果各网点门前提前三天就有人排队,9日早上已有了100万人的长龙队伍。上千万张成捆的身份证,特快邮递至深圳,连瓢泼大雨都没能浇灭排队认购者的热情。结果不到半天的时间,抽签表就全部售完,人们认为不公平,秩序一下子混乱起来。数千名没有买到抽签表的股民在深南中路游行,打出反腐败和要求公正的标语,并形成对深圳市政府和人民银行围攻的局面,酿成"8.10事件"。"8.10事件"后,沪深股市大跌,深指一直猛跌到11月23日股市价164点才止跌反弹;上证指数则从8月10日的964点暴跌到8月12日的781点,跌幅达19%。

"8.10事件"促使政府下定决心按照国际惯例设立专门机构,国务院决定成立国务院证券委员会和中国证监会,同时将发行股票的试点由上海、深圳等少数地方推广到全国,中国证监会替代了中国人民银行证券管理办公室。

第三阶段是从1997年年底到现在。这是集中统一的证券监管体制初步建立阶段。1998年，《中华人民共和国证券法》终于获得通过，该法于1999年7月1日起正式实施，它是我国证券市场健康发展的基本大法，之后又陆续进行了5次修订。2000年2月14日，证监会宣布改革股票发行方式：向二级市场投资者配售新股，这一利好刺激了市场，大盘涨幅超过9%。2000年2月23日，上市公司发行转债开先例，虹桥机场发行13.5亿元5年期可转换公司债。2001年10月23日，证监会宣布停止执行国有股减持暂行办法，利好引发大幅反弹，沪深股市接近涨停报收。2001年11月16日，证券印花税下调；2003年10月22日，中共中央发布《关于完善社会主义市场经济体制若干问题的决定》，上证指数单日涨幅达2.47%。2004年1月31日，《国务院关于推进资本市场改革开放和稳定发展的若干意见》出台，这就是著名的"国九条"。2005年4月29日，经过国务院批准，中国证监会发布了《关于上市公司股权分置改革试点有关问题的通知》，宣布启动股权分置改革试点工作。2008年4月20日，《上市公司解除限售存量股份转让指导意见》出台，中国证监会规定大小非减持超过总股本1%的，需通过大宗交易系统转让，大小非减持情况在中登公司网站定期披露；2008年4月24日，证券交易印花税从0.3%降为0.1%；2009年3月31日，中国证监会发布《首次公开发行股票并在创业板上市管理暂行办法》，办法自5月1日起实施，这意味着筹备10余年之久的创业板有望正式开启。2010年3月31日，融资融券试点正式启动，6月9日融资融券试点扩大范围。2014年，"新国九条"颁布，我国资本市场的改革开始提速。

尽管我国的证券监管体制已经越来越成熟，但是还存在着不少问题，比如半强制的分红制度、"T+1"交易制度、融资融券业务杠杆、场外配资等。

与国外市场不同，中国证券市场很多上市公司不对投资者分红，一些非法的利益输送、利益转移情况也屡见不鲜。尽管2001年以来，中国证监会出台了一系列政策文件规范上市公司的分红行为，但我国的主要做法是将上市公司的分红行为与再融资行为挂钩，对不分红或分红比例达不到规定的上市公司取消其再融资的要求。这种强制性是比较低的。在2004年年底出台的文件《关于加强社会公众股东权益保护的若干规定》里，明确要求"上市公司最近3年未进行现金利润分配的，不得向社会公众增发新股、发行可转换公司债券或向原有股东配售股份"，开始把上市公司的分红与再融资挂钩，但并没有要求分红占公司利润的比例。2006年出台的《上市公司证券发行管理办法》则对分红的比例提出了具体的要求，即3年累计分红不得少于累计净利润的20%。2008年出台的《关于修改上市公司现金分红若干规定的决定》又将该比例提高到30%。但是分红制度在具体实施中，存在很多问题，而上市公司的"重融资轻回报"也一直为市场的诟病，目前来看，中国的分红制度还有很长的路要走。

中国的"T+1"交易制度也存在着较大的争议，比如每次行情不佳，就总能听到实行"T+0"的呼声。在中国股市成立初期，也短暂实行过"T+0"交易规则，但是在1995年基于防范股市风险的考虑，沪深两市的A股和基金交易又由"T+0"回转交易方式改回了"T+1"交收制度，并且一直沿用至今。"T+0"交易规则和"T+1"交易规则其实各有优劣，"T+1"交易规则有一定的助涨作用，这是因为投资者在"T+1"条件下不能抛出，无法平抑上涨的价格，此外还可以在一定程度上抑制投机，再就是减少虚假交易。但是弊端也同样很明显，首先，不利于投资者及时规避投资风险，投资出现误判时人们无法及时止损；其次，当股市低迷时，"T+1"交易会导致股票成交量的急剧萎缩；最后也是最重要的一点，与股指期货"T+0"交易不能匹配，A股"T+1"与股指期货"T+0"的制度漏洞，难以发挥股指期货套期保值的作用。2015年，中国股市出现了多次大幅的波动，市场对于"T+0"交易规则的呼声也越来越高，究竟是"T+0"还是"T+1"，就成为一个十分现实的课题了。

中国的融资融券业务曾中断过，自2010年3月重新启动以来，发展尚算平稳。但是从2014年开始，融资融券业务开始迅猛扩张，截至2015年7月，融资融券余额的规模峰值高达2.27万亿元，是2014年初的6倍。这个时候，融资融券的杠杆影响就凸显了出来。本来融资融券业务的设立初衷是为投资者提供风险对冲的工具，但是从这几年的实践来看，两融业务本身也存在着一定的风险。一方面，融资融券交易具有杠杆效应，而杠杆资金的注入加速了投资者预期的实现；当市场出现调整状态时，去杠杆加剧了市场的波动性。另一方面，融资融券创新业务与现有的交易制度衔接并不圆满。比如融资融券业务就可以成功避开"T+1"的制度要求，通过向证券公司借入股票卖出的方式，实现当日买入股票的盈亏。

场外配资的渠道非常多样化，参与主体也涉及互联网平台、各类金融机构、配资公司和个人投资者等多个主体。这就导致了现有的监管体制以及机构对场外配资的监管不足问题，参与交易的金融机构对交易对手的实际交易头寸情况所知甚少，交易所以及结算机构也无法了解市场实际交易头寸与杠杆比例的真实情况，一旦一家交易商出现流动性问题，则会出现连锁反应，导致市场更大的波动。

尽管中国证券监管体制还有很多不规范的情况，但是我们也不必太悲观，即使是美国的证券市场也并不是在一开始就非常完善的。只要我们遇到问题后及时反思，制定相关的监管法律、法规，不断完善股市运行机制，中国证券市场也终将会成熟起来。

【章末结语】

几百年悠悠而过，股市已从国民经济的"晴雨表"演化成国民经济的重要组成部分，同时也关乎着亿万民众的钱袋子，牵一发而动全身。在这种情况下，政府更应该谨慎地对股市的监管，一方面要把握宽与严的尺度，找准"区分好人与恶棍、受人尊敬的股票投资者和毫无原则的赌徒的界线"；另一方面还要不断升级头脑中的监管系统，紧跟技术进步，让监管科学化、数字化、系统化、网络化、个性化、国际化、提前化；最重要的是，政府的监管应该做到不断提振市场信心，让股市的未来发展更健康、更繁荣。

诚如刘鹤先生所言："历史不会重复自己，但会押着同样的韵脚"，金融监管者需要对金融风险保有一颗敬畏之心，提高风险警觉性，不能只在出现问题后才采取行动，要有预判、有预案。从某种意义上说，监管必须是内生反周期性的，特别是在繁荣时期，金融监管在不受重视时才最有价值。从思想理论和政策实践的发展历程来看，政府与市场的关系像一个钟摆，总是在政府多一点和市场多一点之间摆动，难点是在不同的发展阶段如何实现有效平衡、发挥最大合力。

第四章

制裁

幕后黑手的罪与罚

A Brief History of
the Stock Market Crash

证券市场的发展依赖于投资者的信心，而保持投资者信心的一个重要行为就是维护公平交易，提高犯罪成本，对市场操纵、内幕交易等违法行为予以严厉打击。而从全球证券市场的历史发展中我们可以看到：黑幕并不可怕，关键是要敢于揭开、敢于制裁。

正如韩非子所言："国之重，莫过于法。法之重，莫过于严。"坚持法制思想不能流于理念，而应该时常保持高压态势，为转型期的中国资本市场保驾护航。在充满欲望的股市，趋利避害的人性缺失会被无限放大，这难以用人性的感召使其彻底改变，唯有成熟的法制和严格的执法才能约束人性、减少股市的黑幕，使黑手在严厉的制裁面前望而生畏，不敢擅越雷池半步。

1. 证券市场无法摆脱的"原罪"

对金钱的无止尽的追逐既给了证券市场不断壮大的原动力，也成了它无法消弭的原罪。证券市场的拓荒之路，就是操纵、欺诈等恶行不断花样翻新的历程，一部证券发展史，一半是天使，一半是魔鬼。

从证券市场诞生起，市场违规就无所不在，而投机者与监管者间的较量也从来没有停止过。即使在证券法律、法规非常严密的美国，在市场发展的早期也都曾经历过"强盗贵族"时代。那时候，价格操纵、欺诈都是极为普遍的现象，脑袋里装满了达尔文式生存主义思想的美国人并不认为这是不光彩的事情，一些人甚至坦然地声称这是市场规律。在政府监管还不够规范的情况下，到了19世纪末20世纪初，市场操纵、证券欺诈已经成为整个市场体系的一部分。如果把这些"强盗贵族"的名字说出来，很多人都会感到吃惊——洛克菲勒、摩根、肯尼迪等大人物，都曾或多或少地通过坐庄、欺诈等手段大发其财，可以说早期的证券市场，完全是冒险家和胆大妄为者的天堂。

伊利铁路是华尔街历史上投机最严重的股票之一，伊利铁路债台高筑，资本结构混乱不堪，内部管理毫无章法，公司诚信更是无从谈起，对于投机家来说，它实在是一个非常好的投机标的，操纵市场的完美平台。

1869年，美国掀起了一场购买伊利铁路股票的狂潮，商人、中产阶级、小职员甚至连女人都开始参与。这场狂热的投机活动是"船长"范德比尔特和"华尔街的魔鬼"丹尼尔·德鲁两人挑起的。范德比尔特购买铁路，并且努力经营，尽一切可能把它们的作用发挥到极限；而丹尼尔·德鲁是伊利铁路的董事，也是华尔街最大的投机者。引起两人争端的就是伊利铁路的控制权：范德比尔特试图控制包括伊利铁路在内的三条铁路线，以形成价格同盟，而德鲁控制的董事会不断坐庄操纵伊利股票股价，这种行为激怒了范德比尔特。于是伊利铁路股票战的大幕拉开了。

除去伊利铁路正式流通在外的25万公众股，还有德鲁手中作为给伊利公司的贷款而抵押的5.8万股股票，最重要的是股票可以在债券和股票之间自由地转换。于是范德比尔特请求纽约州最高法院法官乔治·巴纳德颁布了一个法令，禁止任何伊利公司的债券转换成股票，同时也明令禁止丹尼尔·德鲁本人"卖出、转让、交付、处理和放弃"他所持有的伊利股票。德鲁立刻把他的可转换债券转换成了股票，同时在范德比尔特不知情的情况下发行了更多的可转换债券，并将它们统统转换了成股票。就这样伊利铁路的流通盘一下子增加了20%。随后，德鲁方的法官宣布，只要有需求，伊利公司就可以把债券转换成股票。转换出的股票卖给范德比尔特。就这样伊利的董事们从范德比尔特手中卷走了700万美元，而范德比尔特拿到了10万股没有任何价值的股票，但是后者控制了伊利铁路。巴纳德签发了对德鲁等人的逮捕令，需要说明的是这并不是对操纵案的制裁，仅仅是范德比尔特的报复。德鲁等人只好抱着巨大的钱袋子在大雾中连夜跑路，直到与范德比尔特和解后才敢回家。

那么，在这场股票大战中，蒙受最大损失的是谁呢？不是范德比尔特，也不是德鲁，而是那些持股的公众。公众持股之和差不多是范德比尔特的近两倍，卷入股票狂潮的普通人转眼之间就发现自己的股权被稀释了40%，一时间哀鸿遍野。而范德比尔特虽然在当时耗费了大笔现金却在日后与德鲁和解，以市价慢慢地卖出手上的10万股股票，弥补了损失。

但是这次股灾中双方肆意操纵市场、坐庄、印发新股、修改规则，已经激怒了公众。公众的愤怒使华尔街意识到需要作出改变，于是当时也提出了一些改革意见：除非经过2/3的股东同意，董事会无权发行新股；现有股东对发行的新股具有优先认购权，新股必须公开发行，并且必须给予足够长的预告期；所有上市公司都必须在信誉良好的金融机构保存其所有流通股票的总量记录。这些意见后来成为《证券法》的基础。

到了20世纪20年代，市场违规的情况依然严重。那是美国经济和证券市场发展的黄金时期：战后自由贸易扩大，美国企业的管理和竞争力迅速提高，汽车、无线装置等新技术的发明也为经济发展提供了更广阔的前景；从资本市场方面看，战时公债逐步退出美国证券市场增加了证券市场的资金供应，国际资本也大量流入美国，银行保证金借款又进一步刺激股市上涨，美国的证券市场一片繁荣景象。而这种获利的良机，投机家们自然不可能放过，于是大大小小的证券操纵者、欺诈犯就粉墨登场了。

我们第一个要说的就是大名鼎鼎的查尔斯·庞兹，也就是庞氏骗局的始祖。这个总是衣冠楚楚的小个子、曾经做过油漆工的意大利移民，最初被人们认为是金融奇才。因为在1920年，他想到了一个看起来绝妙的主意——在海外购买国际回信券，然后在美国以略高的价格兑现，这样他就可以从汇率差价中赚钱。庞兹的承诺是在90天内让人们的钱翻倍，但是庞兹后来发现这些回信券兑现起来非常复杂，而投机者又实在太多，于是他干脆把这些人的钱统统收下，用这些钱回报早期投资者。很快，这个骗局每月回报的金额就达到数百万美元。1年的时间里，大概有4万美国人加入庞兹的"投资计划"，结果在2 000万美元的重负之下，庞兹的计划很快就崩溃了。庞兹被判处5年刑期，并在1934年被遣送回意大利。庞兹又试图去骗墨索里尼，结果以失败告终，当庞兹去世时，身上只剩下了75美元。严格来说，庞兹所做的主要是一种金融欺诈，但是他对于人们投机心理的利用、对于市场规范的任意践踏，反映了那个年代的投机乱象和市场监管的不足。

第二位是一个名叫哈罗德·布鲁克的市场简报作家。这个有点偏胖的男人，尽管在市场上没什么名气，但看上去还算体面。1910年，被股市狂热鼓动起来的哈罗德·布鲁克也开办了一家经纪公司。当时大金融家伯纳德·M.巴鲁克非常有名望，他运营着纽约证券交易所上市公司巴鲁克兄弟公司，而哈罗德·布鲁克的经纪公司里有一个雇员碰巧也叫这个名字。笃信在股市中赚钱就要不择手段的哈罗德·布鲁克干脆拉虎皮作大旗，用巴鲁克这个名字来兜售自己的投资骗局。于是他在经纪公司的通告中明目张胆地以"我们的巴鲁克先生"做幌子，投机者们果然蜂拥而来，甚至都没人问一下这个"巴鲁克先生"是否真的是金融家伯纳德·M.巴鲁克。但是好景不长，欺诈很快露馅了，身败名裂的布鲁克自杀身亡。

第三位是查尔斯·A.斯托纳姆，这是一个彻头彻尾的赌棍，喜爱投机、胆大妄为的特质已经融入了他的血液。20世纪20年代，这位赌棍因为在一场扑克牌赌博中大胜纽约巨人棒球队而闻名。后来到了华尔街，他终于找到了可以尽情投机的工作——经营专业的投机商号，他以佣金低廉为卖点大量吸收客户资金，而客户所下的每个股票订单都会被录入，但却不会在公开市场上执行，它们最后被捆绑起来，直到价格对经纪商有利时才进行交易。这种违规和扰乱市场的行为被发现后，查尔斯·A.斯托纳姆被以股票欺诈罪名起诉，但是他最后却被无罪释放，一方面是因为并没有合适的法规对其进行处罚，另一方面是因为陪审团被指受到干预。

这些市场违规的乱象，直到1929年的股灾之后才真正被重视并严管起来。1929年美国那次恐怖的崩盘，其实自有其内因：在股市崩盘前的那轮过热的牛市中，坐庄的行为屡见不鲜；交易商操纵股价，快速拉高价格，将不知情的投资者吸引过来，然后平仓出货；许多上市公司和券商在股市交易和信息披露中存在欺诈和滥用职权行为……这里有两个典型的例子，从中我们不难看到当时市场违规的严重程度。作为新技术、新发明，无线电公司受到当时市场的追捧，1929年美国无线电公司的股价曾经炒到500美元，然而到了1932年，该股的股价只剩下3美元，虚高的股价就是交易商操纵的结果；华尔街创造出了一种"联合投资"的新鲜玩意儿，成员之间会发生大量买卖，造成交投活跃、股价上涨的假象，普通投资者自然不会知道这样的内情，于是在财富效应的刺激下盲目入市，"联合投资"的成员在一定时期抛出股票也就找到了接盘者——这也为后来股灾的发生埋下了祸根。在1929年美国股灾后，美国政府和国会开始对华尔街进行清算，华尔街大量的陋习被公之于众。为了规范证券交易，在1933—1940年，美国相继出台了《证券法》等一系列法律，并将市场操纵认定为犯罪。

毫不夸张地说，证券的发展史就是监管者与操纵者的博弈史，几百年的证券发展历程中，大大小小的股灾不计其数，酿成股灾的包括操纵市场、欺诈、内幕交易、提供和散布虚假信息、买空卖空、恶性透支、财务作假等市场违规在各个历史时期、各个证券市场也都有发生，不断考验着监管者的耐心和智慧。

2. 华尔街"王中之王"的内幕交易

内幕交易一直是市场最普遍也是最难以治理的违规行为，美国对于内幕交易的制裁一向从重从严。但是即使是这样，由于受到内幕交易的惊人回报的诱惑，还是不断有人顶风而上。这一次倒下的是超级富豪、对冲基金公司金帆船集团的明星基金经理拉杰·拉贾拉特南。

2009年10月15日晚，整个华尔街被震动了：美国执法部门逮捕了著名对冲基金经理拉贾拉特南以及另外五名大型上市公司高层，他们被诉操控史上最大规模对冲基金内幕交易。是的，拉贾拉特南编织了一个庞大的内幕交易网，把包括贝尔斯登、英特尔、高盛和谷歌等品牌公司的高管在内的美国上流社会精英都拉下了水。

那么，拉贾拉特南到底是何许人也，为何能操纵这么庞大的内幕交易？

拉贾拉特南即使是在精英辈出的华尔街，也是一个响当当的人物，他一手创办的对冲基金公司曾名列"全球十大对冲基金公司"，而个人身家也极为雄厚，据《福布斯》杂志在2009年发布的全球富豪榜排名显示，该年拉贾拉特南的净财富总额为13亿美元，在全球亿万富翁中的排名为第559位。拉杰·拉贾拉特南出生在斯里兰卡首都科伦坡的一个中产阶级家庭，他的名字在印地语中意为"王中之王"，而事实上他后来确实成为了"最有钱的伊斯拉卡人"。拉贾拉特南毕业于沃顿商学院，凭着出色的个人能力，在毕业3年多后，就成为了尼达姆公司的总裁。

1997年，拉贾拉特南一手创办了对冲基金公司金帆船集团。之所以取名金帆船集团，是因为拉贾拉特南希望自己的公司能像昔日的西班牙帝国那样，用大金帆船源源不断地运回财富。说来也是运气较好，金帆船公司成立之时，正赶上以互联网行业为代表的高科技公司的高速发展，它的业绩因此一路飙升。金帆船公司的年投资回报率达到了惊人的21.5%，而其他多数美国大公司的投资回报率平均只有7.6%。那时，拉贾拉特南非常勤奋，每天工作14个小时，并且要求公司的员工也要比同行更出色。2008年，是金帆船公司最辉煌的阶段，它的价值达到70亿美元，进入全球十大对冲基金行列，也是全球三大技术类对冲基金之一。

事业的成功，使得拉贾拉特南得以跻身美国精英圈，少数裔族出身的拉贾拉特南很快在美国商界和政界占有了一席之地，并且还建立起了自己庞大的关系网络。在公众眼中，拉贾拉特南是一个生活简朴的老好人，他和家人出门时大都乘坐商业航班；热衷慈善，他和妻子成立了一个家庭基金，为印度人对付艾滋病提供捐助，而2004年斯里兰卡发生海啸后，他还慷慨地捐了500万美元……但是与公众形象不同，拉贾拉特南在维护人脉网络这方面，是从来不吝惜钱财的。2007年，他曾包租一架飞机，拉着家人、朋友和线人等70余人，前往肯尼亚的一个野生动物园狂欢。而这种豪华派对，是经常性的。后来美国执法调查人员发现，拉贾拉特南的圈子其实也可以被称作南亚关系网，因为里面有很多他的同学和来自南亚的家乡人。正是靠着这些关系网，拉贾拉特南才能一手操控内幕交易，从中敛财。2006年，拉贾拉特南从沃顿商学院的同学、麦肯锡董事库马尔口中得知一项重要消息——麦肯锡的客户超威半导体公司收购某科技公司的协议即将达成。这是一个绝佳的获利机会，拉贾拉特南马上行动起来，大举买进该科技公司的股票，总额达到了惊人的1 000万股，等消息公布出来、科技公司股价大涨后再转手抛出，一买一卖间拉贾拉特南至少获利1 900万美元。在另一笔交易中，著名投行贝尔斯登旗下对冲基金的投资顾问丹妮尔·奇西向拉贾拉特南透露了重要的内幕信息，有关于超威半导体公司的信息。而拉贾拉特南则教她如何不被怀疑地操作——先买进100万股，再卖出50万股，这样就没人会注意了。拉贾拉特南所做的内幕交易还有不少。比如2008年次贷危机中，拉贾拉特南就靠着高盛公司董事会成员古普塔透露的两个重大消息大发其财，一个消息是巴菲特将向高盛注资50亿美元，另一个则是高盛准备宣布每股亏损2美元。2007年，拉贾拉特南从投资银行的分析师那里得知希尔顿酒店上市公司将于7月被私有化的信息后，就买进大量希尔顿股票，一笔交易就获利400万美元。

其实在对冲基金界，情报收集和分享做法很普遍：四处搜集来的重要公司情报常常在华尔街分析师、交易商以及其他投资人之间私下分享，以赚取巨额利润；而通过游说、侦探调查以及托关系等途径挖掘公司或是行业内幕消息的做法也存在，当然，大多数时候这些消息的获得并没有违背法律。因为美国的内幕交易也分合法与非法两种。对于公司内部人员而言，如果他们预先制定好一个买卖本公司股票的计划，按部就班执行交易，便被视为合法。有的上市公司专门留出窗口，在几十天的时间段内不发布任何影响市场的消息，内部股东可在此时间段内安全完成交易。但是拉贾拉特南的做法却出了格，事实上他是对内幕交易做了两项创新，这两项创新使得其内幕交易更为隐蔽了。一是由对冲基金从事内幕交易，金帆船公司每天会发生数百笔交易，大量的交易很好地掩盖了内幕交易的存在，证据的搜索是十分困难的；二是利用全景拼图理论挖消息。也就是说，一般情况下关于公司的某些非公开信息看似并不重要，但结合经过整合和专业分析，此类信息可以成为牟取暴利的重大信号。

拉贾拉特南的活动一直进行得很顺利,但是最后却栽倒在了一个名叫鲁米·卡恩的女对冲基金经理身上。世上没有不透风的墙,其实对于金帆船公司的调查早已启动了,只是一直没有足够的证据而已。2001年,一个名叫鲁米·卡恩的女人向调查人员供认,她曾在3年前将一些内幕信息提供给金帆船公司。到了2005年,卡恩由于个人财务陷入困境,希望能重新回到金帆船公司上班,于是主动联系了拉贾拉特南。但拉贾拉特南却要求她提供有关任何上市公司的内幕信息,于是卡恩便向其提供了希尔顿酒店、谷歌等公司的一些内幕信息。就这样拉贾拉特南先后3次从卡恩那儿获取内幕信息并据此进行交易,赚了1 300万美元。此后,联邦调查局开始监听他的电话,最终联邦调查局取得了想要的证据,并依法拘捕了拉贾拉特南。2011年5月,拉贾拉特南被控告的所有14项罪名均告成立,他所操纵的内幕交易案也成为美国市场上十几年来规模最大的同类案件。

拉贾拉特南的被控在华尔街引发了一场"地震",华尔街的精英们认识到他们今后将面临更严格的监管制度,也就是说,当局今后将对华尔街的违法行为实施更为严厉的打击;这消息也在拉贾拉特南的家乡斯里兰卡引发了"地震"——连续两天,斯里兰卡股市分别暴跌1.6%和3.2%,拉贾拉特南以及金帆船集团持有的主要股票跌幅居前。

3. 暴富——严惩挡不住的诱惑

20世纪80年代，美国执法部门挖出的内幕交易丑闻，曾经震撼了一代华尔街人。但是，在暴富的诱惑下，新一代也开始了市场违规。比如在2001—2006年，就有十几个年轻的经纪人因内幕交易被提起诉讼。或者是财务窘境、或者是无所顾忌的野心、或者是对金钱的贪婪，这些原本拥有远大前途的年轻人就这样葬送了自己。

原本供职于瑞银集团（UBS）证券研究部门的古腾博格，身兼执行主管和机构客户经理职务，这对一个35岁的年轻人来说是难得的成就。此外，他还是UBS投资审议委员会成员，他能够提前看到UBS内部的评级推荐信息。而他的朋友富兰克林则是贝尔斯登公司旗下一只对冲基金的经理。2001年，平时开销很大的古腾博格从富兰克林那里借了一笔款，怎样偿还债务呢？古腾博格打起了内幕交易的主意。古腾博格提出，自己可以预先将UBS的股票评级信息透露给富兰克林，而后者则提前在市场上操作买卖，赚取利润，而盈利部分就两者平分，这样古腾博格就可以轻松偿还欠下的债务。

本来这只是一次权宜之计，但是尝到了其中甜头的两人开始欲罢不能了。在其后的5年中，这个内幕消息的小圈子逐渐扩大，由两人变成了十多人，这些人利用内幕消息，从市场上赚取了1 500万美元。

作为专业从业人员，古腾博格自然知道从事内幕交易的严重后果，因此在与富兰克林传递内幕消息时，一直很注意隐蔽。两人专门购买了随用随抛式手机，而且主要用短信联系，轻易不打电话，在短信中，他们还使用暗号沟通。古腾博格给出的内幕消息，被富兰克林充分利用起来，他在贝尔斯登的个人账户、掌管的对冲基金账户以及用他亲戚的名义开设的账户都赚得盆满钵满。过高的成功率当然会引起他人的注意，富兰克林的几名同事就发现了富兰克林的秘密。他们发现富兰克林总是在UBS发布股评之前买卖股票，而且无往不胜。他们相信富兰克林一定是有内部消息，他们没有声张、没有举报，而是偷偷观察富兰克林的操作，跟着一起买卖谋利。

2002年时，富兰克林离开原公司到另外一家对冲基金工作。长时间来无往不胜的交易让富兰克林放松了神经，他竟然将自己的获利秘诀告诉了一名同事，不用说，富兰克林的新同事也一样加入了这个内幕交易圈。富兰克林对赚取的财富仍感到不满足，他认为自己既然有这么好的生财之道，何必给人打工，还不如自己单干，这样也能赚更多的钱。于是在2003年，他自己开设了对冲基金，继续利用内幕消息赚钱。

这个小圈子里的人都在古腾博格的帮助下频繁交易，这种交易异常最终被美国的市场监控系统发现了。2007年3月，美国证券交易委员会（SEC）就涉嫌内幕交易起诉包括古腾博格和富兰克林在内的十一人及三家公司，尽管涉案者都是一些小硕鼠，但是涉案金额之大，情节之复杂，还是非常惊人的。

前文说过，美国对内幕交易的市场监控是非常严密的，因为内幕交易严重损害了市场的效率和公平。纽约证券交易所下设的监控部门，甚至给每只股票都建立了专门的电子档案，电脑分析其交易历史和惯常情况，一旦有非常规情况出现立刻示警。但即使如此，内幕交易也还是无法完全消灭的，轻松赚钱、一夜暴富的诱惑能让很多人为之铤而走险。

4. 美国最大规模的股市操纵案

美国证券市场实行的是金字塔式的严密分级监管，在金字塔的顶部是美国证券交易委员会，对整个市场进行监管，此外美国各州也设有监管机构，在其辖区范围内对证券业进行监督。但是就是在如此严密的监管之下，20世纪90年代中后期，美国还是爆发了几次严重的股市操纵及欺诈案，其中就包括纳斯达克券商操纵案。

操纵案的暴露是源于1994年两位教授对券商代理纳斯达克股票交易的研究，本来只是一次普通的学术研究，但却有了惊人的发现：纳斯达克股票的小数报价以1/8的倍数为交易单位，然而券商在接受客户委托时只接受1/8的偶数倍数报价，余下的1/8零头被券商隐瞒据为己有。当然，一次的数额可能还不算太大，但是一次次积累下来，总额却非常惊人。事情曝光之后，美国证券交易委员会与司法部立即介入调查，美国投资界一片哗然，一批投资者也站出来指控华尔街券商在1989—1994年间，通过操纵以技术股为主的纳斯达克股市的交易价格，来增加投资公司的利润，而普通投资者却被追因此付出额外代价。

在美国证券交易委员会的支持下，于1989—1996年间受蒙骗的百万纳斯达克投资者向包括普惠公司、J.P.摩根、万全证券、所罗门美邦证券以及美林证券在内的华尔街28家知名券商进行了长达两年的集体诉讼。1998年，华尔街券商终于同意支付10亿美元罚金以换取原告撤诉。除去邮寄及各种费用，投资者最终拿到的赔款金将近9亿美元。以赔款额计，这是美国历史上达成和解的一宗最大集体诉讼案。2000年年底，近125万名原告拿到赔款账单，赔款额从25美元到1 100万美元不等，其中85%的诉讼者为个人投资者，近125万名原告都获得了全额损失赔偿。除对投资者进行赔偿外，这28家被控操纵价格的美国券商还被美国证券交易委员会处以2 600万美元罚款并没收非法所得，这一结果非常鼓舞人心。

而这次集体诉讼进行得如此顺利，与时任美国证券交易委员会（SEC）主席的亚瑟·列维特有很大关系。列维特在任期间，非常注意保护中小投资者的利益，并且严厉打击券商操纵股价、虚假信息以及IPO过程中的联手操纵，坚定地推行公平的信息披露。他推出的"公平披露"条例，被英国的《金融时报》这样评价："华尔街恨它，新闻媒体怕它，美国中小投资者喜欢它。"纳斯达克操纵案后，列维特还大手笔重整纳斯达克交易系统以实现"信息面前人人平等"，他主持将纳斯达克的母机构全国证券交易商协会的交易部门与执行部门分拆，以避免类似漏洞再度发生。这次对券商操纵案的惩处并不是个案。2001年4月在另外一起操纵案中，著名的摩根士坦利财团、波士顿第一信用银行等也被指控哄抬股票价格而受罚；还有部分上市公司被指控故意隐藏公司实际状况、发布虚假公司资料而受到惩处。

我们不妨来看看美国对包括内幕交易在内的市场违规惩处有多么严厉。美国证监会（SEC）建立了一个庞大的数据库系统，庞大到什么程度呢？它几乎完整地囊括了所有可能会涉及内幕交易人员的详细资料；SEC建立了实时交易监控系统和稽核系统，随时监察市场中的各种异常交易；SEC认定内幕交易为举证倒置，也就是说，如果被控告从事内幕交易的人，如果不能列举出足够的证据来证明自己的清白，那么就应当承担法律责任；SEC对于市场违规的处罚，有一套高效运作机制，会在第一时间施以重罚；最后，为从根本上消除或者减少内幕交易的发生，规定将内幕交易民事罚款的10%奖励给举报者，目前奖励额度已更改为10%~30%，而且举报项也从内幕交易扩展到了其他的一些市场违规，越来越大的违法成本也确实给市场操纵者带来了极大震慑。

5. "华尔街之狼"与闪电崩盘

还在为《华尔街之狼》中贝尔福特的"3分钟1 200万美元"而惊叹吗？还是来看看下面这个现实版的"华尔街之狼"吧，他在5分钟内让华尔街蒸发了1万亿美元市值！

2010年5月6日，纽约股市道琼斯指数在20多分钟内暴跌约1 000点，其中最剧烈的600点下跌发生在5分钟内，之后又大幅回升。这一事件堪称华尔街历史上波动最为剧烈的20分钟，被市场称为"闪电暴跌"。在严密的证券监管制度和完善的交易制度下，会出现这样的暴跌实在有点不可思议，而更不可思议的是，导致崩盘发生的竟然是英国的一个名不见经传的小小期货交易员——纳温德·辛格·萨劳。

萨劳并不是我们想象中的那种衣着华贵、风度翩翩的金融精英，他看上去非常不起眼。2003年，萨劳参加了英国一家小型经纪商的培训生课程，由此踏入交易这一行，在这行里，他的表现其实很出色：自己单打独斗却颇有盈利，在接受过《每日邮报》采访时，他说自己每天通过交易能获利3万~8.8万英镑，行情好的时候一天能赚25万英镑。但是，生活中的萨劳却十分节俭：在之前工作时，他经常在上午10点以后才抵达工作地点，目的就是为了少交拥堵费；每天穿着运动装上班，别人吃午餐的时候，他会在办公室等，直到午餐时间过去很久以后才去买打折午餐。因此当萨劳因为一手制造了闪电崩盘而被关注时，人们惊讶地发现他竟然还与父母一起居住在位于伦敦西郊的一个普通社区公寓里。当然，后来据媒体报道，这个日进斗金的家伙选择住在这么简陋的地方其实是有原因的——相比金融机构扎堆的伦敦市中心，豪恩斯洛更靠近主要金融交易所所使用的一个互联网服务器所在地，这就意味着他可以更好地抓住交易时段的微小时间差。

那么，他是怎样制造了闪电暴跌的呢？在5月6日那一天，萨劳在家中利用一款普通的软件，自上午开始就对交易系统下大量虚假卖单，在不到2小时内，他发出6个交易指令，在对其进行了1.9万次替换或修改后又将其取消，而没有完成任何一笔交易。而当市场出现下跌趋势后，他继续加大"抛售"力度。终于在中午12时33分左右达到最疯狂阶段，美股指数出现了惊人的暴跌。而萨劳接下来要做的就很简单了，他在暴跌的点位购进数只"便宜"期货合约，待股指回升后抛售，就这样，从道指的暴跌与回升中，萨劳当天盈利近90万美元。在事情发生后，整个华尔街目瞪口呆，大家都不知道到底发生了什么事，有媒体甚至猜测是不是又是哪个交易员搞出的乌龙事件。

美国执法部门随后进行了调查，调查发现事件的罪魁祸首就是来自英国的萨劳。但是，萨劳据称的操纵交易行为仍然继续，而美国监管机构至少到了2013年年底才开启调查，又花费了2年才逮捕萨劳。

事实上，萨劳从来就不是一个严守规则的交易员。在2008年，萨劳成立了自己的公司，并在芝加哥商品交易所买下一个席位从事交易，结果他很快就引起了芝加哥商品交易所的注意。芝加哥交易所发现萨劳向市场发出大量交易指令，然后迅速撤销（与闪电暴跌中相似的手法）。当这种行为导致价格下跌时，萨劳再以更低价格把它们买回来，利用这种手法，萨劳在4年的时间里大概赚了4 000万美元。

萨劳因被美国司法部指控涉嫌操纵市场而被英国警方逮捕后，美方司法部门要求引渡萨劳，并对其提起一项电信欺诈、十项大宗商品欺诈、十项大宗商品市场操纵行为以及一项欺骗行为的指控，这些严厉的指控如果成立，萨劳可能要坐几百年的牢。但在2015年4月，萨劳在英国以505万英镑的保释金获保释。

这件事的后续影响可能更大于这件事本身：一个普通交易员仅凭一款普通软件就能制造如此大的暴跌，这是不是美国的监管制度在互联网时代已经失灵？如同被互联网颠覆的一个个行业那样，证券监管是不是也要迎来新的改革？有效的市场秩序建立不可能是一帆风顺的，对于市场违规的监管和制裁，不仅考验政府的决心，也考验着我们的监管理念、监管工具、监管技术。

【章末结语】

从证券市场诞生开始，就与市场操纵、欺诈、内幕交易等行为相伴，在很长的时间，人们都认为这是一件很正常的事情，在20世纪30年代的美国，甚至还有著名的法学教授出书为内幕交易辩护。但是不断发生的大股灾逐渐让人们看到了打击市场违规的重要性，一个无法实现公平交易的市场，只能给人们带来灾难。因此，美国后来建立了严密的法律、法规规范交易秩序，对于市场违规行为一律严惩，并且及时制定相应的监管条例修补规范漏洞。

制裁与监管应该是相辅相成的，在一个没有制裁的市场中，市场当事人是不承担自身行为责任的，这种放纵会使他更加为所欲为，市场违规行为也会被不断地重复和演绎，如此一来法律、法规也就没有任何意义了。没有制裁的监管一定是无效的，中国的资本市场还很年轻，为了长远的发展大计，我们应该认真借鉴国外成熟市场的经验，以法制手段严厉制裁股市黑手。

1929年，华尔街作家詹姆斯·K.迈德伯瑞写下了这样的文字："证券交易所的经纪商们必须作出选择，要么继续在市场中寻求投机以谋求蝇头小利，同时也为此付出惨重代价；要么把眼光放得更长远点，努力抛弃原先结党营私操控市场的陋习。"在本章结束之际，我们引用此语与读者共勉。

第五章

熔断

国外市场的试与错

A Brief History of
the Stock Market Crash

熔断机制作为市场交易的"减震器",最早出现在1988年的美国。目前,国外资本市场引入熔断机制的主要有美国、英国、日本、新加坡、韩国,并且都在实践中有一定的效果并逐步得以完善。中国于2016年年初推出熔断机制,由于推出时机不对且有阈值间隔较短等问题,在实施了四个交易日之后被暂停。熔断机制设计的意义,就是在价格发生突然变化的时候,给投资者一个冷静时间,防止投资者作出不理性的反应,同时,也能给监管者采取应对措施争取一定的时间。那么,资本市场为何需要这样一个保护机制呢?熔断机制的实践效果又如何呢?

1. 熔断机制的由来

在2015年8月24日，全球股市遭遇"黑色星期一"。美国股市开盘前，标普、纳斯达克和道琼斯股指期货均跌逾5%；而美股开盘后，道指迅速扩大跌幅至6%，跌逾1 000点，暴跌触发了"熔断机制"，美国三大交易所股指期货全部暂停交易。那么熔断机制是什么？又是如何出现的呢？

熔断机制是指对某一个股、指数、期指或商品价格涨跌幅达到一定程度时，设置一个熔断价格，使买卖报价在一段时间内只能在这一价格范围内交易的机制。说白了，它就是一根"保险丝"，一旦交易中价格波动过大，就会自动断开交易。例如，假设规定熔断价格为前一个交易日结算价的正负7%，那么当前市价触及正负7%限制并持续5分钟时，熔断机制启动。在随后的5分钟内可继续成交，但买卖申报价格只能在前一交易日结算价的正负7%之内，超过7%的申报会被拒绝。10分钟后，价格限制放大到10%。

熔断机制是由美国首创的，它是市场暴跌的产物。一般认为它是因1987年的股灾而设，实际上，美国的芝加哥商业交易所曾在1982年对标普500指数期货合约实行过日交易价格为3%的价格限制，这也可以被看作是熔断机制的雏形。但这一规定在1983年被废除，直到1987年出现了股灾，才使人们重新考虑实施价格限制制度。1987年10月19日，纽约股票市场爆发了一次非常猛烈的崩盘事件，由于没有熔断机制和涨跌幅限制，许多百万富翁一夜之间沦为穷光蛋，这一天也被美国金融界称为"黑色星期一"（具体请参见前文介绍）。这次股市暴跌，震动了美国证券监管部门，于是作为对股灾的反思，熔断机制在1988年推出的《布雷德利报告》（*Brady Task Force Report*）中出现了。思路是，当市场出现大幅波动时，股指期货交易的芝加哥商业交易所和股票现货交易的纽约商业交易所将联合熔断交易，该系统包括80A规则和80B规则两个部分。80B规则是道指比上一交易日收盘价下挫250点时，交易暂停一小时；若下挫400点，交易暂停2小时，这项规则在1988年10月正式实施。80A规则稍微复杂一点：当道指比上一交易日的收盘价上涨50点以上时，凡用来买进纽约商业交易所上市的标准普尔500指数成份股的指数套利市场价委托单，仅能在不高于上档成交价的情况下才执行；反之，当道指比照上一交易日的收盘价下跌超过50点时，凡用来卖出纽约商业交易所上市的标准普尔500指数成份股的指数套利单仅能以不低于上档成交价的指令执行，直到道琼斯指数回到离前收盘指数25点以内,买卖价的限制才取消。这项规则于1990年8月1日正式批准。

从熔断机制的发展来看,国际上熔断制度有"熔而断"和"熔而不断"两种表现形式。"熔而断"是当价格触及熔断点后,在随后的一段时间内停止交易;"熔而不断"是当价格触及熔断点后,在随后的一段时间内继续交易,但报价限制在熔断点之内。尽管形式多样,但都是以人为设置价格限制和中断交易为特征。那么熔断机制的效用何在呢?我们试着做一点分析。

首先,就是风险防范与风险预警的作用。这一点很好理解,当市场波动达到了熔断阈值时,会有一定时间的熔断点内交易。交易者可以利用这段时间考虑风险及重估自己的操作意愿,而且代理会员、计算会员和交易所也都得到了强烈警示,他们可以据此采取相应的防范措施。还有就是当异常的波动发生时,熔断机制可以帮助市场刹车,否则市场可能会出现过大的波幅,做错方向的交易者将因此损失惨重,并且引发纠纷和巨大的损失。

其次,避免陈旧性价格导致期货市场流动性下降。这一点后文将详细论述。

熔断机制的风控管理是一种革命性的冲击和变化,熔断机制实行之后,在长达18年的时间里,美国没有再出现大规模股灾。

2. 熔断机制在美国的实践与调整

自1988年起,美国的熔断机制已经实行28年了,在这期间,美国股灾的发生频率较低,应该说对于股指期货,乃至整个期货市场的风险控制都是非常有效的。不过,美国的熔断机制也并非一蹴而就,而是在市场实践中逐步调整到位的。

美国熔断机制实施后,首次被触发是在1997年10月27日(星期一)。当天美国道琼斯指数暴跌554.26点(7.18%),跌至将近7 161.15点。这次暴跌也是道琼斯指数自1915年来的第十大跌幅。道指在当日下午2:36,因下跌350点,暂停股票、期货、期权交易30分钟。下午3:06恢复交易后,道指继续急剧下跌,并于下午3:30触及下跌550点,触发熔断机制,并且因此提前半小时收盘。这次股灾使得美国对于熔断机制做了一些调整。因为在此之前,美国熔断机制的触发是依据市场下跌的点数而非百分比,所以27日的跌幅尽管只有7%,却触发了熔断机制。这种改动后来又发生了几次,从百分比改为点数,又再改为百分比,直到后来标普500指数取代了道指作为触发熔断的基准指数。

我们可以看到，前期的熔断机制主要是针对指数而非个股，因此一旦遇到程序化的高频交易，个股的大幅波动就无法避免了。在2010年5月6日，美国遭遇了一次"闪电崩盘"，其间道琼斯30种工业股票平均价格指数在20多分钟内暴跌约1 000点，降幅达9%，而酿成这次灾难的正是个股的高频交易。在这次股灾后，美国的个股熔断机制应运而生。同年6月，美国证券交易委员会（SEC）迅速宣布了个股熔断机制：根据美国多家证券交易所和金融监管局的提议，将修改针对已上市的单个有价证券和大盘的交易"熔断机制"。个股熔断机制首先将适用于标准普尔500种股票指数成份股，即如果标准普尔500种股票指数成份股在5分钟内波动10%，交易所将暂停其交易。后来个股熔断机制逐渐推广到整个股市。

而在2012年5月31日，美国证监会又通过了以涨跌限制机制替代之前实施的个股熔断机制。原因在于个股熔断机制适用于超出了既定门槛限制并由错误行为引发的情况，新的工具是为了使单项证券的交易不在一个特定的价格区间之外发生。常分为两大类：第一类（成份股、一些ETF）在3美元以上的股票的涨跌限制在5%，0.75~3美元股票的涨跌限制在20%；第二类（其他类）3美元以上股票的涨跌限制在10%，0.75~3美元股票的涨跌限制在20%。另外这些价格区间在开市和闭市的时候会翻倍。如果股票价格没有在15秒内移动回价格区间。那么会有5分钟的交易停止。

2013年2月，美国熔断机制又做了一次重要修改，原来以道琼斯工业平均指数为标的改为标准普尔500指数，在对跌幅的计算中，样本时间由每季度平均价改为上一交易日收盘价，市场波动的比例则由10%、20%和30%改为现行的7%、13%和20%三档。一旦股指在9:00至15:25之间触发第一档7%和第二档13%，那么盘中则停止交易15分钟；如果在15:25之后触发，则不会停牌。但是如果触发了第三档的20%，那么无论发生在什么时候，接下来全日的市场交易都全部停止。此外熔断还规定了次数限制：第一档和第二档每个交易日只能实施一次，一档暂停实施一次后，除非股市再次波动到二档标准，否则不能再次暂停；二档也同样如此，暂停实施一次后，除非达到三档标准，否则也不能再次实施。为了保证市场流动性，该机制还可以跨金融市场停市，当然，这个权力主要是为防止证券和期货市场价格下跌引发连锁反应。

除了上述调整之外，在2007年12月，美国还通过了第48条规定。第48条规定主要是为了保证现货市场顺利开盘，它规定禁止指定做市商在盘前散布价格信号，在期指大跌的情况下，可以通过暂停开盘报价来加速市场开盘。但是交易所必须确定存在导致市场混乱的特定条件才可以调用第48条规定。与熔断机制仅仅被触发两次不同（1997年10月27日和2015年8月24日），第48条规定已经多次被调用。第48条规定可以被视为是"盘前熔断机制",2011年8月至9月期间被调用,当时欧洲债务危机的担忧再次扰乱市场。2015年年初,由于大规模的暴风雪席卷美国,该规则一度被调用。2015年8月24日,美国盘前期指大跌,曾2次触发熔断机制,为了保证开盘顺利进行,8月24日至8月26日开盘,纽约证券交易所连续3天调用"第48条规定"。

熔断机制总体来说在美国的施行是成功的,它一方面稳定市场情绪,防范投资者的过度反应;另一方面又对个股及证券市场的整体性波动做了有效限制,因此成为了成熟市场的通行做法。

3. 熔断机制的国别比较

熔断机制在美国实施后，法国、日本、韩国、芬兰、澳大利亚、新加坡、马来西亚、印度等大多数国家和地区的证券市场也都采用了"熔断机制"。熔断机制也逐渐演变为一种国际通用的市场风控及价格稳定制度，但是各个国家的熔断机制也存在较大区别，下面我们就将其作一比较分析。

1.美国

美国的熔断机制上文中已经有详细介绍，在此仅将特征总结如下：第一，美股实行三级熔断机制；第二，双重保险——不仅是股指和股指期货在达到一定幅度的涨跌时会触发熔断机制，个股过大的波幅也同样能触发熔断机制。

2.日本

1994年2月，日本东京证券交易所引入了熔断机制，东证自引入熔断机制后，曾多次启动。比如2001年美国"9·11"事件、2008年雷曼危机期间、2011年东日本大地震等。该机制规定，当股价波动超过一定幅度时,将停止交易10分钟。东证的熔断阈值并不是一个固定的比率,而是根据不同的基准股价(前一交易日收盘价)设定不同的熔断阈值。比如,当基准股价在100~200日元之间时,股价上下浮动超过50日元,即触发熔断;当基准股价在15 000~20 000日元之间,股价上下浮动超过4 000日元,才触发熔断。

与美国的熔断机制不同,日本存在暂停交易和不暂停交易两种情况。当期货价格超过标准价格的特定范围和公平价格的特定范围,期货交易将会暂停交易。暂停交易的时间为15分钟。如果暂停交易发生在上午收盘前的15分钟内,暂停交易只在上午收盘前执行。而假设市场出现了特别报价、期货价格已达到涨停板、暂停交易当日已经发生过了以及在下午2:45或以后出现了服从暂停交易等情况,则不实行暂停交易。

3.韩国

韩国引入熔断机制是在1997年之后,由于亚洲金融危机对韩国股市冲击较大,市场情绪不稳,为了保护投资者权益,韩国股市就先后引进了指数熔断机制和个股熔断机制,以此作为预防市场过大波动的非常规手段。韩国股市同样实行三级熔断机制,如果韩国股票综合指数(KOSPI)较前一天收盘价下跌了10%或10%以上,并且这种下跌持续了1分钟,股票交易暂停10分钟,个股涨跌幅限制为15%;此外如果交易量最大的期货合约价格偏离前一天收盘价5%或

5%以上，同时期货价格偏离其公平价格3%或3%以上，并且这种价格变动持续了1分钟，期货合约停止交易5分钟。熔断机制每天只实施一次，在下午2：20以后不再实施。如果股票市场出现暂停交易的情况，期货合约停止交易20分钟。

熔断机制引入后，韩国股市曾多次触发。其中2000年4月17日是韩国股市历史上首度触发熔断机制，并且创下了当时韩国历史上最大单日跌幅；同年9月，韩国股市又一次触发熔断机制，第三日股市大幅反弹6.11%，随后三个交易日表现分别为：1.66%、-7.17%、+5.67%。

2001年9月12日，第三次熔断，次日即反弹4.97%。目前，韩国股市共出现10次熔断交易中断现象，其中1997年亚洲金融危机和2008年全球金融危机前后是熔断交易机制发挥作用较多的时候。

4.新加坡

新加坡引入熔断机制的时间比较短，其熔断机制的主要特色是"熔而不断"，包括海峡时报指数和摩根士丹利新加坡指数的成份股在内的证券都适用熔断机制。其熔断制度规定，当证券潜在交易价格较参考价格（指至少5分钟前的最后成交价）相差10%时，便会触发熔断机制，继而实施5分钟的"冷静期"。"冷静期"内股票仍可继续交易，但价格波动范围限制在10%的波动区间内。当"冷静期"过后，交易恢复正常，新的参考价格也将根据"冷静期"的交易情况而定。而当标的期货合约在下列价格上被出价时，期权合约将不能进行交易：当价格处于初级价格限制时；当价格超出了每日价格限制时。期权最后交易日不适用上述价格限制。

从上述比较中不难看出，尽管很多国家都引入了美国首创的熔断机制，但也都根据自己的市场情况进行了调整。目前全球各大交易所均有熔断机制，未有设置熔断机制的交易所，也在进行熔断机制的设置或者前期准备。

【章末结语】

　　2016年1月，熔断机制引入中国后，4天内2次触发，在一定程度上也加剧了人们的恐慌。为什么本来是为了提供冷静期的熔断机制，反而起到了反作用呢？这也正是我们追本溯源，梳理熔断机制的设计、出台背景、在美国实践效果以及国别差别的由来。

　　金融市场天生具有内在的不稳定性，这是由人固有的不理性思维决定的。因此熔断机制的建立仍然是非常必要的，熔断机制在美国、日本、新加坡等市场的实践可以证明这一点。但是必须指出的是，熔断机制的本质也还是一个应急措施，是市场理性平衡机制的一个要点。要真正维持市场的稳定，让市场变得更理性，还是要加强监管，让市场更公平、更透明，让投资者对市场更有信心。

第六章

中国式监管

从救市到熔断

A Brief History of
the Stock Market Crash

100多年前，当股票第一次走进中国时，人们只是把它视为一个"暴富"的工具，在很长的时间里，没有法规，没有监管，没有理性引导，甚至没有一个真正的交易所。蛮荒状态中，股灾一次次发生，而唯一的一次官方救市，也因为清政府的昏庸而夭折。

虽然时代在进步，新中国证券市场20多年的监管实践也同样走了一条并不平坦的路，时至今日，一些重大问题还没有彻底厘清，监管漏洞还时有暴露。例如，市场监测体系还不够完善，信息披露也常常流于形式，并且执行力度也远远不够。但从总体上来看，在中央政府的指导下，在职能部门的规范和监管下，新中国的证券市场已稳步从混沌向有序迈进，风险日益可控，市场日渐成熟。

1. 晚清史上没有股市的股灾

中国证券市场虽然组建较晚，但是作为一种舶来品，股票其实早在晚清就漂洋过海来到了这片土地。不仅如此，股票这种新事物进入中国后，还不断地以股灾这种形式给近代中国人烙上沉痛的记忆，甚至还在一定程度上影响了中国近代历史的进程。

鸦片战争结束后，广州、厦门、福州、宁波、上海等城市相继对外开埠通商，证券交易也因为外国洋行的进入而出现了。当然，最开始做股票买卖的都是外国人，但是很快一些中国的买办也加入了进来。鸦片战争发生10年后，最早的股市就在中国建立起来。洋务运动兴起后，一些中国企业出于融资的需要也开始进入股票市场，到了1870年后，上海股市疯狂上涨，比如1872年李鸿章、盛宣怀在上海开办的轮船招商局发行了股票，结果股价很快就由银价100两飙升至274两。一时间上海"公司"林立，各类矿局尤多，鹤峰铜矿、承德三山银矿、顺德铜矿等矿业股票成为了热门股票，如三山银矿创办人李文耀本来是去上海物色帮办矿务人选，没想到刚一到上海，股民便蜂拥而来，于是本来并没有招股计划的李文耀，只得"勉强从众"，暂收创办银20万两。买股票就意味着赚钱！一时间，上海市面上但凡有点头脸者都是某家公司的股东；小商小贩虽然没有投资的资金，但也忙着东挪西借，把钱拿去买股票，中国人开始做起了暴富梦。一些钱庄也进入了股市，其中就包括鼎鼎大名的红顶商人胡雪岩所经营的阜康钱庄。好景不长，由于被人为操纵炒高的股价无法一直上涨，而当时商人又投机成风，官督商办企业大量地发行股票，抽走大量流动性资本……种种因素作用下，一场股灾无可避免地爆发了。在1883年10月的这场风潮中，从钱庄、票号流出的巨额投机资金一夜蒸发，一些承做股票抵押或直接参与股票投机的钱庄、票号纷纷倒闭，胡雪岩也因此破产，从此一蹶不振。

　　受股灾所累的，不仅仅只有投资者和钱庄，还有那些发行股票的企业。比如，徐州利国驿煤铁矿招股时，由于认股数过多，远超招股计划所定，所以决定随用随收，免得资金闲置，还要担负股息。于是只收取了不到一半的股本，以作开采准备。而等到后来，等到煤矿需要周转资金时，却碰上股灾爆发，股款再也收不上来了，煤矿一下子陷入山穷水尽的境地。又比如，上海机器织布局。织布局虽然将股本都收了上来，但是其中1/3又转手借给了股民，等到股灾发生后，股民自然是无力还款，企业的经营陷入停顿，而作为织布局的创办人之一的经元善也因为觉得愧对同胞,从此退出了实业界。

这次风潮过后,人们谈股变色,而一些有识之士则深入反思,对洋务民用企业的机制与管理提出了检讨,还总结了股灾发生的原因,认为主要是商民秉持非理性投资心态,才导致了股市的暴跌。9月2日股市崩盘的时候,上海《申报》也发表了一篇犀利的评论,评论指出:当今那些买股票的人,根本不管该公司业绩的好坏,也不管这个公司的业务能不能赚钱,只要股票新上市了,就马上筹钱去买。这些百年前的评论能否给今人一些启示呢?

对于金钱的渴求,能让人变得更加善忘。1883年股灾发生20年后,一场影响更为深远的股灾——上海橡胶股票风潮爆发了!

1903年,来自英国的商人麦边在上海成立了一家叫做兰格志的公司,最初经营并不景气,可是在1910年却意外地靠着橡胶业兴旺起来。当时橡胶成为了新兴工业材料,国际市场橡胶涨价,需求量也急剧增加。惯会投机的麦边便借此机会大造舆论,在上海的中英文报纸上炒作"橡胶时代"来临,把橡胶行业的利润吹得奇高无比,而且谎称其公司在澳大利亚有一望无尽的橡胶园,为了诱骗人们购买其公司股票,还吹嘘其公司年分红可达45%左右。

由于在当时股票可以自由发行，不需报备或者核准，也没有信息披露制度，于是不明真相的人们开始竞相购买。一时间，上海掀起了一股购买橡胶股票的狂潮，有钱的中国人和外国人纷纷抢购，一些公馆太太小姐甚至会卖掉自己的首饰，转买股票；一些神通广大的上海投资者干脆筹钱直接去伦敦买橡胶股票；川汉铁路公司也加入其中；一位上海租界的官员后来回忆说："有了钱都未必能买到股票，还要托人。我花30两买到的股票转眼就涨到了100两。有的外国人知道我手中有股票，就拿着支票簿在门口等，只要我点头卖立刻就签字。"在上海发展起来的一些钱庄也购买了橡胶股票，当时钱庄介入橡胶股票投机主要是通过两种方式。第一种是钱庄向投机者提供贷款，贷款方式很灵活，接受信用担保也接受实物抵押，也就是说投机者可以用已经购得的橡胶股票作抵押，获得新的贷款去购买新股票。而钱庄认为这是稳赚不赔的生意——只要橡胶股票价格不下滑，钱庄是不会亏本的，而且抵押的股票也还在不断地升值，因此钱庄也不断地向外国银行拆款。当时这种情况非常普遍。第二种情况是钱庄直接参与炒股。这种参与的数额更加巨大，对于钱庄来说也很便利，因为上海各橡胶公司发行的股票，主要都是通过洋行和外国银行销售，这些洋行的大买办完全可以利用职务之便抢购。例如正元钱庄的陈逸卿、兆康钱庄的戴嘉宝、谦余钱庄的陆达生都参与其中，打了鸡血一样，他们联手发出数百万两的庄票，此外还联络了另外5家钱庄，组成了一个超级橡胶股票投机集团。总之，当时的上海已经陷入了一片疯狂。一些有名气的公司开始随心所欲地哄抬股价，比如兰格志公司的股价就超过票面的数10倍。麦边操纵股票价格的做法是寻找同伙，抢购股票，等价格上涨之后，大笔抛出，然后再以更高价格抢购，这样股票被越炒越高了，而麦边也攫取了巨额财富。

到了1910年3、4月间，上海橡胶股票的最高股价不断被刷新，已经高到了离谱的程度，而此时市面上大多是空盘交易，现银交易非常少了。老奸巨猾的麦边认为股市泡沫即将破灭，就在7月间，卷起全部款项逃跑了。而其他外商也紧跟其后，纷纷抛售手中的橡胶股票，这时外国银行宣布停止收购橡胶股票，并索要以前的抵押款，麦边的骗局就被揭破了。橡胶股票价格一落千丈，最高曾涨到每股1 675两的神话股"兰格志"，不到1个月每股下跌到105两。很多股票与废纸无异，持票者纷纷破产，钱庄也因此倒闭了20多家，其中就包括前面提到的"八大钱庄"。就这样买股票的破产，贷款买股的破产，向银行拆借的钱庄破产，城市实体经济破产……最终陷入大萧条模式。与1883年的股灾一样，钱庄的介入加大了股灾的严重性，引起了连锁反应，使股灾变成了一次全国性的金融危机。

今天回头再看，橡胶股票股灾其实是一场被某些外国投机家恶意操纵导致的灾难。这次股灾不但打击了新兴的证券市场，还因汉川铁路引发了四川保路运动，进而成为清王朝最终覆亡的导火索。

值得一提的是，这次股灾发生后，有人出手救市。这个人就是当时的上海道台蔡乃煌。蔡乃煌很快就认识到了这次危机的严重性，并在第一时间出手阻止。8月4日，蔡乃煌出面与汇丰、麦加里、德华等9家外国银行签订"维持上海市面借款合同"，借款350万两白银。与此同时，他还紧急拨出上海官银300万两，存入两大巨头源丰润和义善源及其所属庄号，来平定市场情绪。应该说蔡乃煌的救市措施是非常及时和精准的，经过蔡乃煌的紧急处置，上海市面也确实在慢慢地恢复平静。这场股灾本来可以就这样过去，最多不过是上海投资者损失一些钱罢了，可惜由于清政府官员的昏庸和内斗，本来可以成功的救市又被葬送了。在一些清廷官员的鼓动下，清政府将蔡乃煌革职，还要求他收回存入源丰润和义善源的官款，源丰润因此倒台，上海大批钱庄倒闭，金融危机开始向全国蔓延。

1883年股灾和1990年股灾其实是两次没有股市的股灾，因为当时还没有证券交易所。直到1914年，上海股票商业公会成立；同年12月，北洋政府颁布了中国历史上第一部证券交易条例，证券交易才有了初步的法规。

1910年，梁启超曾撰文论述中国的股份公司为什么不能繁荣，文中总结了三条原因：一是法规很少，即使有也不遵守；二是法律状态不定，股份公司的股东不能行确实之监督权；三是股份公司外缺少相配套的机构。对照近代中国发生的历次股灾，实在是一针见血。自中国有股票以来，股灾每隔一二十年总要重演一次，追根溯源，也不过就是人性的贪婪驱动和监管的不健全使然。

2. 近现代中国股灾的监管与救市

1911年，辛亥革命推翻腐朽清王朝的统治，而帝国列强因忙于第一次世界大战而放松了对中国市场的控制，中国的民族资本主义发展终于迎来了春天。经济的发展使得股份公司日益增多，股票大量发行，这也成为了中国早期证券市场发展的春天。

1914年成立的上海股票商业公会是中国人的第一家证券交易所，商业公会设在上海二马路一带。会员有15家，会员们除了预先缴纳12两白银作为公会资本外，每月还要交会费2两。商业公会的交易时间是上午9点到11点，手续费按1%~5%收取，而交易品种包括政府公债、铁路债券、公司股票及外汇等。1917年1月，由孙中山领衔，虞洽卿、张静江、戴季陶等8人附议，申请组建上海证券物品交易所，后来由于种种原因，直到1920年7月才正式开业。上海证券物品交易所资本为500万元，经营品种除证券之外还有金银、皮毛、花纱布、粮油等。而这时，上海股票商业公会也根据北洋政府颁布的

《证券所交易法》改组为上海华商证券交易所,资本额为300万元,经纪人有55名,主要经营北洋政府发行的公债。中国证券市场从此进入了有组织的证券交易所时代。

成立之初,这两个交易所业务非常繁忙,上海证券物品交易所开业半年就赚了100多万元。上海证券物品交易所本所股票价格飞速上涨,由最初的30元涨到1920年年底的120元,1921年年初又被抬到160元,年底竟到了200元。这样的成功激励了其他投资者,于是各种证券物品交易所如雨后春笋般建立起来,这些证券物品交易所的数量是非常惊人的,仅在上海就有200多家,而其他一些大城市也陆续建立了证券交易所。这些交易所与信托公司的业务非常广泛,几乎是什么交易都做,除了股票外,棉纱、麻布、煤油、火柴、木材、烟酒、沙土、水泥也都可以交易,很多人因此大发横财。这种情况其实是畸形的,不正常的,但是在当时,投资者们都一心沉浸在快速发财的美梦里,并没有意识到市场的泡沫已经达到惊人的程度了。

交易所越多,吹起的泡沫也就越大,等到泡沫无法再变大的时候,自然也就破灭了。1921年,一些精明的投资者终于意识到交易所的风险已经太大了,于是竞相收回资金,这种行为也导致了股票价格的大幅下跌。链条是环环相扣的,股票的下跌引起了交易所的倒闭,"信交风潮"爆发了。在1921年12月后,平均每天都有至少1

家交易所歇业，最后只剩下包括上海货商交易所在内的十几家。这是中国证券市场的第一次暴跌，连规模最大、由蒋介石等人坐庄的上海证券物品交易所也停业了。

在这次失败中，倾家荡产的投资者比比皆是。交易所监察人周骏彦因套利失败欠债20万元，到处被人逼债而两度跳入黄浦江；多头集团的操盘手洪善强被逼自尽身亡；蒋介石等人也好不容易才从虞洽卿那里得到6万元，离开上海转赴广东去追随孙中山。这场"信交风潮"最后以虞洽卿等上海巨商将上海证券物品交易所与上海全球货币物券交易所合并，同时引进外国资本及外国人管理而平息下来。

其实，上海证券物品交易所的经营情况并没有太大问题，在倒闭前营业额仍有数亿元，只不过是因为人们过度投机导致信用崩溃，才落得一地鸡毛、倒闭收场。

"信交风潮"后，中国的证券业走入低谷，在很长的时间里都冷冷清清。直到1939年，抗战爆发后，股票市场才又在上海繁荣起来，只是这种繁荣仍然是畸形的繁荣。孤岛时期的上海，吸收了从各地流入的50多亿巨额游资，再加上通胀加剧、中日套汇战等因素，股票市场又火爆了起来。交易所中人潮汹涌，很多人甚至把衣服都挤破了。各种股票价格更是屡创新高，有时候甚至会超过票面价值的几十倍，有的规模很小的小工厂，就因为发行了股票，摇身一变成为了龙头企业。在当时，股价的涨跌幅度也都很大，因为没有限价制度，交易所经常会因为过大的波动而停市。很多人因为炒股而发了财，但是这场财富梦终究是虚幻的，等到抗战一结束，股市也就变成了投机者的绞肉机，股票一路狂跌最终变成了废纸。

抗战结束后，上海华商证券交易所被查封停业，股票买卖转入黑市。1946年，上海证券交易所股份有限公司刚成立就又暴跌，这种情况更是让投机者缺少信心。1949年5月，上海解放，证券交易所停业，一直以来畸形发展的股票市场也画上了休止符。

新中国成立后，大陆地区一直到1984年才重启股票交易，A股市场则到1990年才正式建立，中国证券市场进入了新的发展阶段。1990年12月沪市正式开业、1991年7月深市正式开业，从那时起中国股市已经遭遇多次股灾。而中国政府面对股灾的反应机制和制度完善也越来越成熟。下面试举几例。

1990年12月8日，试营业中本来一片欣欣向荣的深圳股市转势向下，深市市值蒸发了近8个亿，市场一片恐慌。1991年7月，政府开始出手救市，市场迅速回涨，到了11月14日深证指数创下收报136.9点的当年最高记录。这次股灾救市其实奠定了中国特色的证券市场监管调控底蕴：实施涨跌停板；加印花税；暂停IPO；国有股限制流通；政府动用资金打指标股托市，简而言之就是政策市。

在1992年时，两市上市公司只有53家，而到1994年年底，已经发展到291家，规模扩张迅猛。受此影响，上证指数从1993年2月1 558点连续下跌到1994年7月的326点，跌幅达79.1%。在7月下旬，当股指创下325.89点新低之时，中国证监会推出了著名的"三大政策"：年内暂停新股发行与上市；严格控制上市公司配股规模；采取措施扩大入市资金范围。具体来说，就是除已发行尚未上市股票外，1994年内暂停各种新股的发行和上市；组建中外合作基金进入A股市场；有选择地对资信和管理好的证券公司进行融资等。三大政策公布后，股市出现了报复式反弹：8月1日两市指数分别上涨31.29%和33.46%。上证指数很快从325.89点上涨到1994年9月13日的最高点1 052.94点，一个半月时间里，涨幅达223.1%。但是随着利好的逐步消化，市场又开始了二次探底的调整行情，并在1995年2月下探至524点，但政策底325点此后再也没有被攻克。

2003年4月，受SARS影响，A股市场开始了一波不景气行情，11月市场跌幅已超过20%，市场非常疲软。2004年2月1日：国务院发布《国务院关于推进资本市场改革开放和稳定发展的若干意见》。《意见》的主要内容是：重视资本市场的投资回报，为投资者提供分享经济增长成果、增加财富的机会；鼓励合规资金入市，支持保险资金以多种方式直接投资资本市场；拓宽证券公司融资渠道，为证券公司使用贷款融通资金创造有利条件，稳步开展基金管理公司融资试点；积极稳妥解决股权分置问题，尊重市场规律，有利于市场的稳定和发展,切实保护投资者特别是公众投资者的合法权益;研究制定鼓励社会公众投资的税收政策等。政策出台后,股市随即上涨,股指一路狂飙,但缺乏基本面的支撑,随后市场继续向下调整,在2005年6月6日最终下跌至历史低点998.23点。如果仅从股指点位来看,这次救市不能说是成功的,但是它给股权分置改革、培育机构投资者、完善上市公司分红制度等法规提供了制定依据,因此对中国股市具有深远的影响。

而这还只是一个开始,在此后的20多年中,A股市场又多次经历股灾,而几乎每次大型股灾中,都有政府参与救市,比如1999年的"跨世纪行情"和2007年的"股改行情"(《股改行情的前因后果》)等。

总体来看,政府的救市措施无外乎以下几种:

第一,投放流动性,降息降准,减缓或暂停IPO。

第二,政府喊话,发布稳定市场预期的声明,理性引导。

第三,降低交易税费。比如当前单边0.1%的印花税降至0.05%。

第四,鼓励上市公司回购股票,稳定投资者对公司发展的信心。

第五,打击做空投机,禁止裸卖空。

第六,政府资金入市,包括但不限于汇金增持金融股,汇金申购ETF,保险资金入市等。

一方面，政府通过暂停IPO、调整涨跌停板、调整印花税、在股市低迷时用更多的技术创新和产品创新来活跃市场、在股市高涨时动用各种手段打压市场过热等，确实在很大程度上保护了投资者，规避了系统性风险，但另一方面，这种长期的政策救市，并不能真正降低股灾的频率，还使市场养成了对政府救市的依赖性，改革势在必行。

3. 2015年中国股灾与熔断机制的出台

2015年12月4日，经中国证监会同意，上海证券交易所、深圳证券交易所、中国金融期货交易所正式发布指数熔断相关规定，并于2016年1月1日起正式实施。结果熔断机制实施后在市场上引发"轩然大波"，不得不紧急叫停。那么，熔断机制是怎么出台的呢？我们还要从2015年A股股灾说起。

从2014年7月起，A股又进入了新一波牛市，2015年后，股市更是出现了惊人的暴涨，融资余额不断攀升，场外配资、伞形信托异常活跃，股民的炒股热情也空前高涨起来。股市热到了什么程度呢？中国大妈和90后新股民纷纷进入股市，各类题材股、垃圾股也被轮番炒作，上市公司改一个与互联网有关的名字就能带来几个涨停板，饭店、公交车上、电梯里，随处都能听到人们在谈论股票。这时股市累积的风险其实已经非常高了。很快，一片欢腾就被打破了。

从6月15日开始，仅三周时间，A股市值大跌15万亿元，这是什么概念呢，要知道希腊2014年的GDP总值也不过1万多亿，沪深两市跌掉的市值相当于希腊2014年GDP总值的10倍多。上证指数下跌30%，小盘股指数下跌更多，一场大股灾来临。7月7日，A股市场的大跌传导至港股，恒生指数暴跌。大股灾中也发生了很多让人哭笑不得的事，比如鹏华华锐C基金就在股市不断大幅下挫的情况下居然涨了70%，因为99%以上的人都走了，剩下的人就分享了这意外之财；7日8日，情况又变得更加糟糕，尽管管理层推出利好：险资入市比例由5%提高至10%；中金所提高中证500指数交易保证金；中证金公司将在稳定大蓝筹的同时，增加对中小市值股票的购买力度，解决流动性枯竭。但是仍没能阻止股灾，当天开盘低开259.72点，金融股等蓝筹溃败，股指期货全线暴跌，逾1 300只股票跌停。当日两市1 400多只股票停牌，超A股总数一半。除停牌股票外，仅有7只股票勉强翻红，创业板指数成份股一共100只，停牌77只，跌停23只。之后，人民币汇率、大宗商品、中概股等全面下跌，市场情绪几乎崩溃，市场都在期待政府的救市措施。在这种情况下，政府决定强力救市，这次救市与以往明显不同，从金融监管部门局部强撑，演变为部委联合、央地统筹全面行动，公安部、网信办等强势部门参与，股灾之重、改革之难可见一斑。

这次的股灾严重程度和救市的，也给中国的证券管理层敲响了警钟：经济转型期的概念炒作、暴富神话与融资进入股市，是形成股市下跌的要件，百年前如此，现在也是一样。而过度的投机，在使股市不断走向疯狂的同时，也会降低股民的风险意识，在我国，这种情况尤其严重。市场上，散户投资者占比大，更容易跟风，股市大起大落的几率也就更大。而从美国、日本等海外成熟市场的经验来看，熔断机制的引入，可以为市场加上一条保险绳，市场情绪的恐慌、融资杠杆的过度放大、计算机量化自动交易的过度推广、金融衍生品的泛滥等问题都可以被缓解，市场有更多的冷静时间，管理层也可以获得采取相关的风险控制手段和措施赢得时间和机会。于是，中国的熔断机制引入被纳入了日程表。

事实上，熔断机制在中国的证券市场上也并不是什么新鲜事物，最新修订的《中国金融期货交易所交易规则》就规定，出现交易异常等情况，交易所可采取调整开市收市时间、暂停交易、调整涨跌停板幅度、提高交易保证金、限期平仓、强行平仓、限制出金等紧急措施。2015年2月11日，上证50ETF期权合约价格就曾出现大幅异常，并触发了"熔断机制"。这一次，熔断机制确实起到了很大的作用，既平抑了不合理的市场波动，又有效降低了大幅偏离理论价值的保单导致的损失。这一次试水是成功的，而2015年的大股灾也加速了指数熔断机制的引入。

就这样，熔断机制从2016年的1月4日起正式实施了。在新年第一个交易日，沪深300指数在午后13点13分跌幅扩大至5%，触发熔断机制，个股全面暂停交易15分钟，在13点28分恢复交易。恢复交易后仅6分钟，沪深300指数触发7%熔断阈值，暂停交易至收盘；1月7日周四，沪深两市早盘大幅低开，沪指低开1.55%报3 309.66点，随后市场直线暴跌，再次触发熔断机制。沪深300指数盘中大跌逾7%，再次触及熔断阈值，全天仅交易15分钟，4天之内流通市值减少逾一成，刚推出的熔断机制也被暂停。这正应了2013年诺贝尔经济学奖得主尤金·法玛的一句话："投资者将抢在熔断前完成交易，导致熔断的加速到来"。

其实，在熔断机制推出前后一直有很多争议，比如熔断机制是否能够真正解决A股市场的暴涨暴跌；在熔断机制下，涨跌停板制度是否成为多余等等。

我们知道A股市场的暴涨暴跌有其深刻的背景和环境因素，很难想象仅靠一个熔断机制就彻底解决问题。熔断机制的设计作用在于提高市场效率，给市场更多的冷静和评估时间，让市场情绪得到一定的平复，并且尽量控制风险。就当前中国散户交易者众多，且大量机构同样热衷于追涨杀跌的现状来说，熔断机制的引入是有积极意义的。

有涨跌停板就不需要熔断机制则是一种似是而非的说法。虽然熔断机制与涨跌停制度都是以人为设置价格限制与中断交易为特征，两者在功能上确实有一定的重叠，但是不要忘记涨跌停制度的指标是个股且只有10%一个档位，在极端情况下，这样的风险防范肯定是不够的。因此两者是有根本区别的，它们有相互补充的作用，对风险的控制侧重点不同。

但就像前文提到的，熔断机制由纽约证券交易所最先实施，其后多国均有采用，虽然一直伴随着质疑之声，但是从各国的实际应用效果来看，都还不错。为何进入中国市场后，就连续两次触发并导致暂停的结局？我想主要可以从交易心理及技术设置两个方面来解释。

我们知道熔断机制在极端行情中实际上是鼓励果断出手，这是为了避免一旦发生熔断后损失加重或踏空。熔断机制存在的情况下，如果大盘下跌，投资者会考虑当日"抄底"后若触发熔断，至第二日方能卖出，但次日情况变数更多，不确定性很强，买盘更多会处于观望状态；而如果指数跌至即将触发熔断，投资者也会出于同样的考虑而加快抛售，A股"尾盘对决"的习惯也会因此改变，多空对决会提至更早。这就是为什么从触发第一个熔断点5%后重新开始交易，到触发7%的熔断点，只用了5分钟。在技术设置方面，我国的熔断机制是两层熔断，而且差值只有2个百分点，这样的设置是否过低呢？在美国，熔断机制根据标普500设置了7%、13%和20%三个层级，前两层都是暂停交易15分钟，最后一层才是停止交易。中国的过低设置意味着触发全天暂停交易的概率要更高，而频繁地发生熔断则会加大市场恐慌。事实上，美国熔断机制之父布雷迪也给出了这样的判断，并且认为A股熔断"正确的做法是扩大幅度"。

指数熔断机制的暂停，显示了其设计与配套有待改进，这是在所难免的。从国外的经验来看，熔断机制的引入没有统一的做法，没有统一的形式，更没有一步到位的理想化过程（详见第五章），因此我们也不必太气馁，从实践中逐步探索、因地制宜地调整，相信我们最终会为A股市场拉起一根真正的"保险绳"。

【章末结语】

新中国证券市场虽然只有短短的25年历史,但风风雨雨一波三折,股灾的幽灵使人们谈股色变,不少人甚至怀疑股市在中国存在的理由。毋庸置疑,中国股市二十几年走过了国外几百年的路,虽有后发优势但后发劣势也如影随形,如法规粗放、政策市、暴力市、高频股灾等,监管层虽勉力而为,但中国式的股市痼疾还是挥之不去。

2015年的暴力牛和闪电熊,对监管层是一次重大的考验。股民们的记忆里永远抹不去的是大盘跌停,是杠杆,是强平,是恶意做空,还有并不怎么成功的政府救市。这一场史无前例的杠杆失控下的股灾,投资者没有经历过,监管层没有治理经验,不期然间形成了短期内无法修复的伤痛。

虽有不时光顾的黑天鹅,新中国股市毕竟也交上了一份看得过去的答卷:宏观来看中国证券市场回报率惊人,25年来上证综指涨幅高达3 548%(不包括股息),远高于MSCI新兴市场指数和标普500指数同期分别为348%和533%的涨幅。

要保持中国资本市场的长期健康成长,建立和执行完善的监管体系就是刚需,对操纵市场、制造虚假信息等违法行为一定要有大力的监管和惩治。市场的成熟还需要走很长的路，而且端赖管理层和市场参与者的齐心协力。

发展的问题，只有在发展中才能解决。近些年来，中国证券市场管理层动作不断：实行涨跌停板制度以控制非理性波动、发展机构投资者以改变散户比例过大的现状、推进注册制以消除或减少政策市，2016年年初又引入国际通行的熔断机制来完善保护机制，尽管这可能是一次不太成功的尝试，但至少说明管理层还在持续思考并不断前行。

第七章

投资革命

新常态下的交易对策

A Brief History of
the Stock Market Crash

由于2015年过度使用杠杆，中国资本市场波动明显大于往年，以至于积重难返酿成股灾。这期间，沪深300指数涨跌幅触及后来设定的5%熔断阈值的次数就达15次之多，其中，触及上涨5%熔断阈值的有4次，触及下跌5%熔断阈值的有11次。为了市场的长期稳定健康发展计，证监会决定在有涨跌停限制的情况下推出熔断机制，于2016年1月1日起开始实施。这个机制推出的初衷是在极端情况下让投资者有一段冷静的时间，也让管理层和上市公司有时间发布稳定市场的消息和公告，同时，还可以加强现货市场对股指期货市场的基准作用。从世界范围来看，采取熔断机制也是比较常见的风控措施，所以当时这项政策的设计者认为此举一定会对中国股市产生双保险的作用。

从征求意见到正式推出前，来自市场的反对声音一直不绝于耳。因为根据规定，沪深300指数一旦触碰到7%，将暂停包括股票、基金及其他股票相关品种的交易至收市。这样大面积的暂停交易一定会带来流动性的隐忧，因为之前如果跌到跌停板上还可以排队止损，实行熔断以后就意味着连这样的逃命机会都没有了。设想，在2015年十数次千股跌停之时，如果有熔断机制，市场可能不是冷静而是更加恐慌了，因为挂跌停板逃跑的理论上的可能性也被根绝了。又如，有融资的账户如果需要强制平仓，熔断后全天停止交易就无法执行。更极端的情况是，如果次日开盘直接跌7%，按规则又要暂停交易一天，恐慌之外又加了个时间成本，比单纯的连续下跌杀伤力更大。

当年美国也有过类似的争议。在1987年大股灾发生之后，美国宣布股市引入熔断制度，一些学者，如后来获得诺贝尔经济学奖的尤金·法玛当时从理论上预测该制度会导致磁吸效应："投资者将抢在熔断前完成交易,导致熔断的加速到来。"其他知名学者也预警到可能发生的买卖订单不平衡问题,主要观点是,在预期到部分无法保持耐心的投资者会在熔断或涨跌停之前卖出或买入时,潜在的对手方会倾向于延后交易等待更好的价格,这势必加速市场的单向运动;还有反对的观点说,当价格即将接近熔断价格限制时,会对持有相反头寸的投资者造成心理压力,迫使他们对冲手中的头寸,使得市场价格更加趋向熔断价格。

在一片争议声中,熔断机制还是在美国实施了,但实施的背景是没有设涨跌停板。美国实施20多年来,只被触发过一次,也没有引起大面积的磁吸效应,所以标本意义并不大。而中国在正式实施熔断机制的第一个交易日即出现两度熔断,第四个交易日更甚,全天只交易10多分钟即告停牌。这其中,既有市场基本面的原因,更有规则漏洞的原因。

不管现阶段中国该不该实施熔断机制,历史的经验证明,真正能赚聪明钱的,都是善于利用游戏规则、善于总结经验教训的人。虽然从实证的角度来说,中国的第一次熔断尝试因为有缺陷而被叫停,但不论怎么说,这个制度的设计初衷还是为了防止或减缓市场的暴涨暴跌,保护投资者利益。每一次政策的变更,每一次新政策的推出,都意味着游戏规则的改变,聪明的投资者应该善加运用,从新政策中捕捉到机会。况且,每一次监管尝试的失败,都值得投资者认真分析总结,以便再次出台相似规则时心中有数。

1. 对股票市场的影响

理论上，在熔断被触发后，市场参与者会得到一个冷静的时间去思考，而不是在恐惧或贪婪中去追涨杀跌，管理层和上市公司也有时间推送真实信息。再之，市场在有熔断保护的时间段内，波动率会降低，价格会更快地回到正常水平。A股由于实行个股涨跌停板制度，天生就存在着一种变相的熔断机制，所以熔断的作用主要还是防止现货和期货两个市场相互影响而增强彼此的波动性。熔断机制会增强现货市场对期货市场的标的限制作用，减少投机盘对市场的影响。熔断机制在时间上给真实信息的有效传导提供了便利，但对市场的作用力是暂时的，所以对中长期趋势并不会产生显著的影响。

尤金·法玛把熔断机制可能引起的过度反应称为磁吸效应。磁吸效应是说，如果即将被触发交易暂停，原本打算分为几天交易的人会因此决定把全部的交易（主要是止损）在瞬间完成，这种吸引像磁石一样明显，会造成价格波动性的增加，交易暂停前的市场流动性也会增加。尤金·法玛的担心在美国并没有多少验证的机会，但是中国却被反复验证了，包括涨跌停板附近也有这个效应。虽然磁吸效应是熔断机制对市场的负面影响，但对其中的机理加以深入了解，不但可以规避风险，而且还可以发现新规则下的赢利机会。

根据交易心理学原理，在即将触发熔断之时，市场的抛售压力就会陡然增大。5%熔断再恢复交易后，由于离7%的阈值太近，投资者为了尽快抛售，会在短时间内作出更多的动作，很容易触发二次熔断。A股市场的一个特点是投资者的同步性很高，这在即将熔断时会放大恐慌，产生明显的羊群效应。从另一个层面来看，熔断可能会阻碍价格发现过程、降低股票的流动性、增加价格波动率，从而影响市场效率，也会产生价格波动率的溢出效应。溢出效应的意思是，股票的熔断一旦被触发，在接下来的交易中市场的波动率会上升。

我国证券市场上已经有个股涨跌停板制度，这个制度也会造成一定的磁吸效应，但熔断产生的磁吸效应的强度可能远大于个股涨跌停板的磁吸效应。因为接近涨跌停发生的磁吸效应影响的只是个股，而熔断则影响到所有股票；再者，涨跌停板时，个股的交易并没有被中断，随时都有可能打开涨跌停。有了熔断后，磁吸效应会与个股涨跌停板磁吸效应发生叠加而得到增强，诱发个股的磁吸效应，变相提高涨跌停板的概率。

2. 对期货市场的影响

实施了熔断机制，股指期货交易时间必须与股市同步。在非交割日，股指期货也会同步被熔断，在交割日中无论何种情形，下午都不执行熔断。

在股票市场，熔断的磁吸效应比较明显，表现在价格波动率和交易速率的上升，但研究表明，在期货市场磁吸效应并不明显，这是因为期货市场通常情况下流动性较好，出现涨跌停的情况较少。

熔断机制能够对期货市场提供风险预警，能够有效降低风险的突发性和严重性，对交易者和监管者都有一定的警示作用。如果即将出现熔断，股指期货市场中的投资者、代理商会员、结算会员和交易所都会得到警示，使他们意识到熔断近在眼前但有处置风险的时间，这样使得风险不至于突然出现，市场不至于瞬间崩盘。

熔断机制可以为控制风险提供思考和操作的时间，有利于消除"陈旧性价格"导致的期货市场流动性下降。在异常波动的单边行情中，由于大量的单子涌入，有时会造成堵塞，从而会延迟行情的正常显示，造成出现"过时的"价格，这就是陈旧性价格。出现陈旧性价格时，屏幕上显示的不是当前价，而是上一个时刻的价格。如果按此价格申报就很难成交，不但大大地影响了交易效率，而且由于大量的不能成交的指令进入交易系统将造成更严重的堵塞，使行情显示更加滞后。有了熔断期，就可以消除交易系统的指令堵塞现象，消除陈旧性价格，保证交易系统的畅通。

股指期货在熔断后实行新的涨跌停限制，股指期货改成7%的波动限制后，有可能会造成期货和现货涨跌幅限制不一致，从而产生连锁磁吸效应以及其他复杂的问题。由于熔断是以沪深300指数为基准的，所以沪深300指数及其期货不存在一致性方面的问题，但对于上证50指数、中证500指数及其期货，则会造成期货和现货的涨跌幅度限制不同步，有可能导致价格无法收敛。以中证500为例，如果某日沪深300指数的波动没有达到触发熔断的水平，那么理论上中证500指数的最大波动范围是±10%，而中证500期货是±5%，就有可能发生该合约纷纷以5%涨跌停而现货指数涨跌幅超过5%的现象。这可能会造成人为的价格限制导致的基差变化，会反过来诱发个股的磁吸效应。

期货市场的磁吸效应虽然没有股票市场明显，但还是时有发生，其表现的特点如下：首先，在接近熔断价格水平时，价格上涨或下跌的速度会变快；其次，发生熔断的概率会显著大于价格在熔断价格附近但不实行熔断机制时的概率，换句话说，当有可能触发熔断时往往就会触发；最后，磁吸效应发生的过程中，成交量会加大，市场波动率也会加大。

股指期货熔断机制熔断阈值与交易保证金率紧密相关，而保证金率的设置又与市场的流动性和波动率紧密相关，所以引入熔断机制能够做到分阶段逐步化解交易风险，对经纪商风控管理有直接的帮助。

由于杠杆交易的特殊性，期货市场更需要熔断保护，这是临时停市等应急措施无法替代的。一个典型的例子就是，香港期交所为应对股灾，宣布于1987年10月20日起停市4天，但此举并没有起到应有的效果，市场风险反而越积累越大，以至于恢复交易之后恒生指数又下跌了33%，多数会员爆仓造成大量违约，交易所不但运行受到影响，在财务上也受到了牵连。

3. 对基金的影响

当指数触发熔断至收盘，以下基金会受到影响：除ETF外的股票型基金、混合型基金，以及基金合同投资范围中包含指数熔断品种的债券型基金等基金。以下基金不受影响：QDII基金、货币市场基金、理财债券基金及基金合同投资范围中不包含指数熔断品种的其他债券型基金。

当发生指数熔断导致全天停盘时，相关的基金在熔断前的交易还是有效的。从熔断时点到下午收盘前这一段时间，受理的申购、赎回、转换、定投等业务申请应该作为下一个交易日的交易来处理。如果在开盘集合竞价时就发生指数熔断，造成当日交易被终止，基金的申购、赎回、转换、定投等业务申请应该作为下一个交易日的交易处理。

虽然从趋势来看，熔断机制对市场涨跌不会有大的影响，但对基金公司来讲却非同小可，极端情形下可能会影响公司的正常运作。原则上，当发生指数熔断且两市当日恢复交易时，基金公司旗下所有公募基金的开放时间均不进行调整；当发生指数熔断且停止交易至收盘的，不同类型基金开放时间将依据基金的情况进行调整，这对基金的日常管理会产生一定的压力。

如果熔断时基金依然开放申购赎回，那么基金将受到以下方面的影响：

第一，基金经理的常规操作计划会在熔断日被打乱。如果基金经理原本打算某天买券和卖券，但由于熔断导致当天交易直接提前结束，造成无法操作，可能导致净值的损失，在流动性紧张或宽松时这种效应更加明显。当流动性紧张时基金经理会打算择机卖出股票，但提早收市打乱了交易计划，从而可能出现流动性问题，投资者的赎回就可能受到影响。在流动性宽松时基金经理会打算择机购买股票，提前收市同样会打乱交易计划。以上两种情形都会影响投资者的收益，因为它们会对基金净值产生负面的作用。

第二，指数熔断会带来流动性短暂消失，这给基金仓位的管理带来一定的困难。为了应对赎回，公募基金会预留部分现金仓位，同时会进行更多的卖出股票的操作。而且，在极端情况下，如果持续地熔断，会使公募基金难以卖出股票来应对赎回。对于高仓位运作的指数基金而言，熔断机制带来的流动性问题更为突出。所以，基金管理人应该保留更多的现金，但这样会降低基金的效率，也实属无奈之举。

第三，熔断导致的暂停交易会导致个股收盘价的失真，这会给基金的估值带来困难。如果在市场大跌熔断后导致基金集中赎回，必然会损害其他份额持有人的利益。如果大涨触发熔断导致了日内终止交易，投资者会预期下一交易日市场仍然大涨，所以会担心无法买入而倾向于参与基金申购，而申购对价按照熔断时候股票估值的话，如果后续市场确实上涨，这会导致申购者稀释原有基金份额持有人的利益。

第四，由于熔断参考标准是以沪深300为基准，但是熔断对象又是全市场股票，因此可能会出现结构性影响。

第五，对于用股指期货做对冲的策略来说，熔断实施后，由于之前两者涨跌停板理论上都是10%，而现货基本上没有跌10%的可能，现在期货涨跌停最大为7%，而现货跌7%是可能的，因此之前两者涨跌幅差异现在由于制度原因被缩窄了。由于熔断标的和对象的不一致，也会对股指期货的基差产生一定影响。

第六，熔断机制会使得分级B在下折时多出现几次跌停板，使其价格跌到位，但指数暴跌的情况下仍然可能出现高溢价。有了熔断机制，标的指数的跌幅可能不会那么大，那么分级B净值下降的速度可能就不会那么快，所以溢价率不会那么高；再者，指数跌得慢了，触发下折的时间也更长，就会有更多的时间去消化价格与净值之间的溢价。

第七，熔断机制将给分级基金套利盘带来流动性风险。对于分级基金套利盘来说，投资者赚取的是母基金净值与A、B两端合并价格之间的差价。而熔断机制会人为限制标的指数的进一步上涨或进一步下跌，使其无法正常交易，从而在一定程度上改变母基金净值的应有走势和A、B两端的价格走势。

4. 投资者应如何应对

在"T+0"和有涨跌停板的市场中实行熔断，市场在短期会发生较大的变化，一如前述。

所以，市场中人要时刻保持对市场的关注，努力捕捉短线机会。例如，当大幅上涨并触发熔断时，可以在次日追涨买入弹性较高的股票并短期持有；而当下跌触发熔断时，可以在次日买入基本面不错、被错杀的股票并持有若干天。这种交易性机会虽是追涨和抄底，但可以获得不错的投资回报率。美韩的经验对此可以有验证作用，这两个市场在触发熔断之后的短时间内，股指都有所反弹。

在有熔断机制的情况下，当市场下跌幅度接近阈值，许多投资者会因担心熔断被触发而恐慌抛售以避险。一旦遇到这种情况，就应该及时修改操作计划，启动应急模式，迅速减仓，也可以迅速利用指数期货进行跨市场对冲。中国市场常常投机过度，熔断会变相地助涨助跌，甚至丧失了流动性。所以如果是突发重大事件引起的熔断，就一定要在恢复交易时果断止损。

熔断机制也给套利资金带来了较高的流动性风险。对溢价套利者来说，分级基金的流动性十分重要，如果套利交易在出货时遇到了熔断，就需要应急性地暂时改变套利策略。

熔断机制还会严重影响机构投资者的运作，对公募基金来说，还会影响到基金的估值，所以机构应当制定应对熔断机制下的基金估值、申购赎回等应急机制。同时，还要加强风控系统，密切关注仓位和市场流动性，适当预留更多流动性并密切关注申购赎回情况，以防范流动性风险。

在有熔断可能的情况下，如果不调整申购赎回，则公募基金份额可能会面临巨额申赎，巨额申购导致对原份额持有人净值造成稀释或摊薄，巨额赎回造成未赎回的投资者承担赎回投资者的抛券风险，可能引发大面积的恐慌。因此需要对申赎进行调整，并及时对调整内容作出公告。

指数一旦熔断，公募基金的估值就会受到影响，以至于估值不当。如果直接熔断到收盘，可能会导致股票收盘价失真，对基金的有效估值产生障碍。有股指期货持仓的公募基金在市场熔断后，股指期货的估值也有可能会出现失真，对基金的估值也有不小的影响。

估值不当带来的问题，主要有以下两点：

第一，可能产生异常申购赎回。如果估值偏低，就会带来大量的申购；反之，如果估值偏高，则可能带来大量的赎回。这种异常的申购和赎回都会影响部分基金持有人的利益，同时会增加公募基金的运作难度。

第二，一部分基金按约定需要提取业绩报酬，这是跟基金净值挂钩的。基金净值直接和基金估值挂钩，如果提取业绩报酬计算的参考净值涉及熔断发生日，则可能因出现基金估值不当而产生纠纷。

针对这些在熔断机制下可能出现的异常情况，基金管理人要更加重视仓位管理，密切关注申购赎回数据和市场的状况以防范风险。指数熔断会带来流动性短暂消失，如果熔断密集发生，基金管理人会难以卖出股票来应对赎回，这会给仓位管理带来麻烦，所以在这种情况下应该预留较多的现金，虽然这样会使资金使用效率下降，对业绩也会产生影响。

市场上还有一种现象，就是尾盘出现从跌停到涨停，这是有些公募基金为了做净值而有意为之的。但是，在熔断机制下，这些操作将变得几乎不可能。熔断机制会直接改变基金的交易策略和交易思路，会抑制利用尾盘拉升做净值的冲动，市场中人应该改变自己的思路。

熔断机制会降低做空和跨市场套利的成本，这虽是负面作用，但却是重要的交易性机会。2016年1月4日，A股市场在跌破3%之后成交量开始明显下降，但是在中午临收市时再次放量下跌，而下午从5%导致熔断之后再跌到7%,只花了不足7分钟。这就意味着,只要市场某天一旦产生了3%左右的跌幅时,砸到5%的所需要的筹码就会更少,因为市场的恐慌效应会立马扩散,很快就会达到7%的跌幅,这可以说是熔断机制带给空方的福利。利用这个规律,可以在A股、港股、期货市场进行跨市套利,会有较大的收益空间。

5. 熔断机制被熔断告诉我们什么

2016年1月7日，A股开盘29分钟后即告熔断至收市，创造了全天交易时间最短的历史纪录。按照上海、深圳交易所的公告，当天实际交易时间只有13分钟，时间虽短但"战果"非凡，两市跌停个股达1 270只之多。沪指收跌7.32%，深成指跌8.35%，创业板跌8.66%，新年的前四个交易日跌幅已达16.93%，比2015年6月第三周的大股灾更甚。在最短的交易时间，最频繁地触发熔断机制，在全世界范围内也是闻所未闻。由于负面作用明显，所以在实行四个交易日后，熔断机制当天晚上就被证监会叫停。磁吸效应带来的流动性风险在一周内被展现得淋漓尽致，这几天发生的事情注定要被载入世界股票交易史。中国股市不怕下跌，就怕丧失流动性，这是一个深刻的教训。

新规刚推出的四天内就两次熔断造成全天停盘，以至于流动性尽失，对市场产生的冲击是明显的。虽然如此，我们还是不应该把这个结果归咎于熔断机制工具本身，因为当时市场本身正有下调的需要，所以可以说熔断机制本身只是个工具，新规失败的一个重要原因是它在中国生不逢时。当时向下调整的势能主要有四个：第一，人民币持续贬值；第二，中国12月官方制造业PMI49.7，预期49.8，前值49.6，实体经济仍然低迷，市场情绪偏空；第三，注册制的推出已进入倒计时，近在眼前的注册制IPO潮对市场情绪产生了巨大的压抑；第四，当月股东高管潜在解禁规模1.1万亿，这么大的减持规模引发了对供求关系失衡的担忧。这些原因中，汇率持续非理性波动是个主因，因为汇率的迅速下跌加剧了对人民币趋势性贬值的担忧。之前在人民币有升值预期的时候，热钱在中国股市一直很活跃，及致人民币大跌和美元进入加息周期，这部分热钱就被吸引流回了美国，这种现象势必会造成以人民币计价的资产的估值中枢下移。

事实上，就中国股市当时的现状来看，并不需要立即推出熔断机制，而应该在成熟时择机推出。首先，中国股市有涨跌停板，客观上已经存在缓冲机制。美国、韩国等国家之所以实行熔断机制，是因为他们没有涨跌停板制度，所以只有熔断才可以避免股市出现断崖式下跌。而我国有个股涨跌停限制，与熔断机制起的作用也大致类似，所以大可不必画蛇添足。其次，美国股市恶意炒作现象较少，而我国股市则炒风太盛，这个1.0版本的熔断机制对抑制过度投机起不到多大作用。

不过至少从理论上讲，在市场面临暴跌的情况下，熔断机制确实对稳定市场情绪有一定的积极作用。但是，这四天两次的暴跌，熔断机制的磁吸效应事实上加剧了市场的恐慌情绪，起到了雪上加霜的负面作用。而且从实证角度考量，当时如果不启动熔断，市场不但不会变得更惨，而且至少流动性会好得多。再之，这次仓促推出的1.0版熔断没有与其他方面做好联动，配合机制很不完善。在这熔断的15分钟时间内，应该是上市公司和政府管理部门发公告稳定市场情绪、澄清事实的时间，但事实上各方面都选择了沉默，这也被市场解读成了默认，以至于失控。

总而言之，股灾是资本市场的黑天鹅，虽然出现频率不高，但一定是会出现的。所以，只要长期在市场里混，不管事实上有没有熔断机制，投资者都需要在自己的内心建立熔断机制，这是保证自己在股市长期生存的必要条件。

怎么建立自己的熔断机制呢？首先要有控制风险的意识，要有应对黑天鹅事件的预案，还要在操作层面上随时注重执行。很多股民不注意仓位控制，而且时常都在满仓操作，这样一旦出现单边下跌，则立即被置于巨大的风险之中。其次要有大局观，要学会放弃，要有自己的止损原则，并在实践上做到知行合一。行之有效的止损方法很多，主要有定额止损法、技术止损法、无条件止损法。定额止损法是最简单实用的方法，它是指将亏损额设置为一个固定的比例，一旦亏损大于该比例就及时平仓；技术止损法较为复杂，它是将止损设置与技术分析相结合，剔除市场的随机波动之后，在关键的技术位设定止损；无条件止损法简单来说就是不计成本地夺路而逃，是和前两种方法并行的应对趋势性转折的方法，因为基本面的变化往往是难以扭转的，投资者一定要放弃幻想并严格止损以保存实力。只有在心理上和执行上过了这一关，才能慢慢地成为成熟的投资者。

【章末结语】

近年来，虽然一直存在着较大的下行压力，但中国经济长期向好的基本面并没有改变，股市向好稳定的基础也愈加坚固了。在一个健康慢牛的市场里，更需要熔断机制为其保驾护航。不过，中国股市在已有涨跌停板制度的前提下，设置5%、7%这么小阈值的熔断可能会起到助涨助跌的作用，导致市场出现流动性枯竭，是弊大于利的。国外的熔断制度是在无涨跌停板限制、"T+0"制度的前提下进行的，我们的熔断制度必须要根据自己的实际情况来设计，一味简单学习国外经验可能会适得其反，好心办了坏事儿。流动性是市场的生命，只有充分流动、多空平衡的市场才是健康的市场。未来，即使必须在有停板的前提下推出熔断机制，也应该是熔而不断，让市场保有适当的流动性。

作为行之有效的风控工具，熔断机制一定还会重来，但会在改进交易制度的背景下重来。

第八章

回望

股灾形成机制的历史分析

A Brief History of
the Stock Market Crash

股灾发生时，广大投资者的财富瞬间蒸发，企业的融资活动也陡然困难起来，最后不良债务还会扩散到经济社会的方方面面，甚至影响到其他国家和经济体。为应对这个经济痼疾，无论是监管层还是投资者，都有必要对股灾的形成机制做认真的分析和思考。

本章我们将结合案例剖析股灾的形成机制和一般特征，希望能帮助监管层做好预防，帮助投资者更好地在股灾频发的市场中生存。

1. 股灾的特性和一般成因

在现代社会，人们之所以谈股灾而变色，就是因为股市对国民经济发展影响巨大，股灾的发生不仅意味着股民遭受巨额财富损失，而且还可能是一波经济衰退的开始，它会导致人们对经济前景极度悲观、投资锐减、社会总需求下降、国民收入减少……直至经济陷入恶性循环。

股灾是一种能够引起社会经济巨大动荡的异常经济现象，是当股市内在矛盾积累到一定程度时，受某个偶然因素影响，突然爆发引起市场恐慌和巨大财富损失的股价暴跌。回顾历史上发生的历次股灾，我们会发现股灾通常具有以下几个特性：

第一，突发性。历史上的每次股灾几乎都有一个突发性暴跌阶段，我们以著名的美国1929年股灾为例。1929年10月24日，早晨刚刚开市，股价就突然开始了疯狂下跌，纽约证券交易所总裁理查德·韦尼亲自购入股票试图挽救颓势，也没有起到任何作用。到了10月29日，道指已从最高点386点暴跌至298点，跌幅达到了惊人的

22%。不到1个月的时间内，指数已从最高381点跌到了198点，接近腰斩，中间没任何的反弹。

第二，破坏性。一般情况下，股灾的破坏烈度是非常大的，它给国家和世界经济造成的损失远远超过洪灾、地震等任何自然灾难，甚至超过了世界大战。首先，股灾发生后，股市自身会遭受严重破坏，比如法国密西西比股灾后，法国人视股票如猛虎，法国股市和股份公司因此长期发展缓慢；1929年美国股灾也严重地破坏了市场发展，在很长一段时间里，人们宁愿选择低利息的债券，也不选择高利息的工业股票。其次，股灾会导致股市经济损失严重，一般来说，股指跌幅越大，经济损失越大；而跌幅越大，市场规模越大，股市经济损失也就越大。比如1987年股灾的财富损失就高达2万亿美元之多，是第二次世界大战中直接及间接损失总和3 380亿美元的5.92倍！最后，股灾还会加剧贫富分化、失业率上升，进而造成社会动荡。

第三，联动性。股灾之所以可怕，还因为它的危害不确定，即很可能会造成联动性灾难：经济链条上的联动性（如股灾会加剧金融、经济危机）以及区域上的联动性（如区域性或世界性股市暴跌）。我们知道无论是在银证分离的国家还是在银证合一的国家，证券市场和金融市场之间总是存在着不可分割的联系，当股灾发生后，灾难就会迅速传导到金融市场。简单来说就是，各种直接或间接来自银行的资金进入证券市场，股灾会导致股票市场大幅缩水，流回银行的资金数量随之锐减；而股灾导致的经济衰退还会使一部分企业破产倒闭，银行的不良资产也因此增加；在股市国际化的国家或地区，股灾还会使股市投资机会减少，资金外流，引发货币贬值，这也会给银行和汇市带来冲击。一句话，股灾会引发金融危机。而在日益联动的国际金融体系中，金融市场间的传导效应会使得区域性危机迅速转变为世界性危机。比如1987年的"黑色星期一"，开盘后道琼斯工业股票平均指数狂泻508.32点，恐慌还迅速波及了其他国家和地区——当天，伦敦、东京、香港地区、巴黎、法兰克福、多伦多、悉尼等地的股市也纷纷大幅下跌。在10月20日，东京证券交易所股票跌幅达14.9%，创下东京证券下跌最高纪录。这次股灾还导致了美国社会经济的危机，银行破产、工厂关闭、企业大量裁员以及之后很长一段时间的停滞。

那么，是什么引发了股灾的发生呢？原因可能非常复杂，不同的经济学派也有不同的观点，但是总结起来不外乎以下几个方面：①股票市场本身的上市和交易制度及方式（比如程式交易）存在严重缺陷；②不健全市场或者低成本直接融资导致的泡沫经济；③政治、自然灾害、群体心理等原因导致的市场恐慌。这些问题我们将在下文中逐一分析。

综上所述，股灾是多种因素共同作用的结果，是制度、市场、社会心理等种种问题长期积聚之后的总爆发，而彻底剖析股灾发生的原因，才能帮助我们更好地规避股市风险，并让股市发展得更健康。

2. 股灾形成的制度因素

一次股灾的爆发通常是多方面因素叠加的结果，但是最主要的还是制度因素：货币制度吹大了泡沫，埋下了股灾隐患；信用交易制度则产生了助涨助跌的负面效应，加大了市场风险。

到目前为止，货币制度已经实行半个多世纪了，黄金非货币化，世界各国使用的纸币只不过是一种虚拟的价值符号，它的价值只能由供给和需求决定。而这种货币制度也成为了股市泡沫的根源之一。

货币制度实行后，对货币供应量的控制就成了一个重要问题，人们根据流动性大小，将货币划分为不同的层次。流动性越强的货币转变为现金的成本越低，它的货币层次也就越高。各国政府对于货币层次的划分存在一定的差别，在这里我们就以国际货币基金组织的划分为例来作说明。M0是层次最高的货币，它是人们普遍接受的货币，但是随着电子技术和互联网络的发展，电子货币被广泛使用，现金货币的地位已经不再像最初那么重要；M1也被称作狭义货币，是需要经过一次转换才能变为现金的货币，包括M0和商业银行活期存款；M2是广义货币，通常需要两次转换才能变为现金，包括狭义货币和近似货币两部分。随着金融工具的不断创新，变现的速度越来越快，广义货币与狭义货币之间的界限也越来越模糊了，货币测量的难度也加大了。

现代银行制度下使得货币数量的膨胀成为可能，与此同时，电子支付又使得货币的虚拟化发展进一步加强，货币越来越远离实体经济。这种情况累积下来，就会造成两方面的后果：一是通货膨胀，二是过剩的货币进入股票市场——这些过量发行的货币是以M1的形式存在的，人们只能把钱投入股市避免贬值。就这样，股市泡沫不断加大、不断被挤压，最后泡沫破裂，股灾如期而来。

除了货币制度外，信用交易制度也是股灾的肇因之一。信用是商品经济发展的产物，在现代社会，信用借助于信用工具或者金融工具，非常显著地提高了社会闲置资源的使用效率，带动了金融机构的发展（如投资银行、证券公司以及各种基金），这是信用的正反馈。但是另一方面，过多信用的产生也造成了信用膨胀，反映在证券市场中，金融工具的规模过大，就诱发了过度投机和市场中泡沫的形成。证券交易一般有三种交易方式，现货交易、期货交易和信用交易。前两种我们都很熟悉，信用交易近些年也越来越为人们所熟知——融资融券交易。具体来说，就是证券交易者在买卖证券时，只向证券公司交付一定的保证金，或者只向证券公司交付一定的证券，而由证券公司提供融资或者融券进行交易。不难看出，融资融券其实是一种介于股票和期货之间的衍生产品。

融资融券最早起源于卖空交易，在17世纪就已经产生了，而美国也在19世纪引入了融资融券。融资融券可以为市场提供双向的交易机制，提高证券价格发现的效率；它还可以放大资金和证券供求，活跃证券交易；融资融券也是一种有效的避险工具；融资融券也能提高证券公司自有资金和自有证券的运用效率。但是从根本上来说，融资融券对股票市场最大的影响还在于杠杆交易和卖空交易机制上。

在普通的股票交易中，我们必须支付全额价格才能进行交易，但融资融券只需交纳一定的保证金即可。借钱买证券和借证券卖证券真正放大了投资者的交易能力。比如，如果交纳10%的保证金，那么就意味着投资者可以用同样多的金额进行10倍的操作，交易筹码扩大了，投资就可以利用较少资本来获取较大的利润，这就是信用交易的杠杆效应。杠杆交易可以让市场交易更加活跃，但是在另外一方面也放大了市场风险，尤其是它本身所具有的投机特性，也给市场带来了助涨助跌的效应，市场波动因此而更加剧烈，此外，过多信用交易的存在，还会造成"虚假繁荣"，引发股市泡沫。

在普通的股票交易中，我们所习惯的交易方式是先买后卖，当股价下跌时，或者割肉止损或者静待市场反弹。但融资融券却可以帮助投资者先借入股票卖出，等股价真的下跌后再买回归还给证券公司，从下跌中获利。这改变了证券市场"单边市"的状况，可以说卖空机制是有益于市场的健康发展的。但是卖空机制也可能给股市带来风险，首先它的再定价功能可能会带来市场的动荡，其次卖空机制可能会被股价操纵者滥用，使得市场违规行为更加严重。上述风险是可以通过合理监管来规避的，但是在监管无效的情况下，卖空机制有时候也会成为股灾的导火索。比如在1929年的股灾中，卖空就在很大程度上加大了股灾的严重性。从那时开始，美国政府对融资融券制度进行深入调查和检讨，并且在1938年出台了卖空报升规则，以此避免卖空作为市场操纵的工具。

　　制度性因素只能说是一种造成股灾的潜在风险，但是如果制度漏洞不及时完善，监管能力又跟不上，那么股灾也将因此成为一种现实威胁。

3. 股灾形成的市场因素

在世界各国和地区发生的股灾，其实很多都能在市场中找到原因，这一点并不奇怪，因为股市的涨跌波动总是会受到市场因素的影响。而在市场因素中，对股灾的形成、爆发产生直接作用的通常是市场违规以及经济的周期性衰退。

前文提到过，市场违规包括欺诈、内幕交易、操纵市场、提供和散布虚假信息、买空卖空、恶性透支等多种行为。毫无疑问，市场违规也是股灾的导火索之一，它曾在世界各地导致了多次重大股灾和无数次个股股灾，而且这种违规行为屡禁不止。马克思曾说过："如果有10%的利润，资本就会保证到处被使用；有20%的利润，资本就能活跃起来；有50%的利润，资本就会铤而走险；为了100%的利润，资本就敢践踏一切人间法律；有300%以上的利润，资本就敢犯任何罪行，甚至去冒绞首的危险。"在证券市场中，内幕交易等违规行为能在短时间内带来惊人的暴利，也难怪总有人会铤而走险。那么，为什么市场违规行为会酿成股灾呢？一方面，市场违规者为了攫取暴利，总是要先想办法让股票暴涨，这种暴涨往往是虚高的，只不过是吹大了一个泡沫，破灭是迟早的事情；另一方面，市场违规本身是一种对信用市场的破坏，一旦投资者洞悉了真相，那么投资信心就会被沉重打击，再接下来就是市场情绪不稳乃至恐慌，股灾的发生也就是自然而然的了。在18世纪的股灾南海公司泡沫中，英国南海公司股票之所以快速从暴涨走向暴跌，并引起了群体性恐慌，一个重要的原因是南海公司是采取欺诈的手段伪造繁荣景象，而公司糟糕的经营状况被隐瞒下来，公众对此一无所知。一旦人们发现南海公司股票暴涨与公司的业绩和经营前景毫无关系时，就纷纷大量抛出股票，股灾因此爆发。而在现代证券市场中，各种市场违规行为仍然在兴风作浪，任何市场上都存在操纵、欺诈、内幕交易等行为，特别是在一些新兴市场中，市场违规导致的股市暴跌仍然不断发生。

　　本章中，我们已经分析了多种影响市场波动的因素，那么导致股灾发生的最根本、影响最大的因素是什么呢？答案是经济的周期性衰退。我们知道，在市场经济条件下经济的发展与运行具有一定的周期性，大体上要经历复苏、繁荣、衰退和萧条四个阶段，而繁荣与萧条则是两个主要阶段。经济周期能够决定资本市场发展的大趋势。以美国证券市场为例，我们回顾一下其发展史就会发现，长周期繁荣阶段都是伴随着经济繁荣而来。20世纪40年代至60年代，美国经济迎来了"二战"拐点形成后的黄金年代，这也正是美股的繁荣期；20世纪80年代至世纪末的20年，美国经济增速虽然放缓，但是经济增长质量却在提高，美国家庭和个人的收入不断提高，个人消费也在不断提升，经济的发展也给股市的发展带来了活力。

而当经济进入衰退周期时，股市的繁荣就彻底失去了支撑和发展的基础，股指的急速上涨逐渐偏离了经济基本面，泡沫不断膨胀，市场需要释放风险，而这时候，如果股市受到了一些刺激（比如市场违规、利空消息等），股灾就会爆发开来。而受到经济预期等影响，股市的涨跌变动通常比实际的经济周期变动要领先一步，具体来说就是，在复苏之前，股市已经回升；经济周期尚处高峰阶段时，股市开始下跌；经济仍处谷底末期，股市已开始从谷底回升。比如最著名的1929年华尔街股市大崩盘，股灾之后便是漫长的熊市，股指直到近20年后才慢慢涨回之前的高度，而从历史来看，当时美国经济也正处于经济周期的下降期。可以说经济周期对股市周期的决定作用是内在的、长久的和根本的，很多投资大师正是认识到了这一点，才能在投资中取得骄人的成绩。巴菲特总是在熊市中寻找安全边际高的投资标的，因此我们看到他的很多投资都是在刚买入时被套；金融大鳄索罗斯也提出了繁荣-崩溃反身性模型，这也是他利用繁荣和崩溃周期变化获利的途经和机制。

需要指出的是，股市是一种虚拟经济，它的波动受到了太多因素的影响，因此对于普通投资者来说，要准确判断经济周期对股市的影响几乎是不可能的，我们了解经济周期与股市波动的关系，意义更多地在于在实际投资中多一个分析问题的角度。

4. 其他因素的影响

作为股市中的一种基础性行为，投机在股票市场上广泛存在，而现代交易制度体制也注定了股市既是一个投资的市场也是一个投机的市场；投机心理则是金融市场参与者的一个重要特征，博傻、从众等投机心理也就决定了股市的运行特征。适度的投机是有利于股市发展的，但是过度的投机就可能制造股市泡沫，并进而引发股灾。

1. 股民的群体性投机心理可能导致股灾

任何行为总伴有一定的心理活动，或以某些心理过程为其前导，股市投机行为当然也是如此。在股票市场上，我们看到股价总是涨时涨过头(股价高于其价值)，跌时也跌过头(股价低于其价值)，而影响股价涨跌的因素是非常复杂的，因此才有了股市测不准理论，但是如果我们从群体心理角度来分析，股市的这种涨跌就变得非常简单了：如果大部分股民认为股市即将上涨，买入股票可以获利，那么股市就会上涨；而如果大部分股民认为股市即将下跌，卖出股票可以避免或减少损失，那么股市就会下跌。这种主观的自我实现要求决定了市场的强大投机性，而人们的从众心理扩大了这种投机的危害。

查尔斯·麦基曾在《大癫狂》一书中指出，潜藏在人类心灵深处的原始冲动，总是会在不经意之间，挣脱理性的缰绳，形成群众性的迷狂。而尽管人类已经经过了现代文明、科技革命数百年的洗礼，那种"非同寻常的大众幻想与群众性癫狂"，还是不时会闪现。证券市场中反复发生的股灾，就是再好不过的例子。股市投资者是一个构成较为复杂的群体，具有无组织性、人员流动快速、情绪和心理活动不稳定、行为具有互相感染性、信息传播的快捷性和刺激性等特征。内在的赚钱效应和亏钱效应引发了正反馈及负反馈，当股价下跌时，群体对于股价下跌的恐惧占据上风，市场成交量会更加萎缩；当股价高涨时，群体对于赚钱的贪婪占据了上风，市场成交量也会继续放大。就这样，群体中的从众心理被进一步强化了，变得更加盲目、更加狂热，"从众"的行为也达到了极致。如果市场投资者都是绝对的理性人，那么股市价格只会小幅波动，群体心理是很难抗拒的，在1929年股灾中，20世纪最著名的经济学家凯恩斯也几近破产。我们知道，在股票市场中，价格总是会经历"低估—价值缓慢恢复—价值合理—价值高估—泡沫—泡沫破灭—回归合理—回归低估"的大循环。在价低时股市还无法引发人们的关注，而赚钱效应体现出来之后，人群就会蜂拥而来，价格不断被炒高直到形成巨大的泡沫。而当流入资金小于流出的资金，击鼓传花游戏无以为继时，赚钱效应变成了亏钱效应，股价轰然下跌，股灾就这样形成了。

2. 国际游资的投机行为

在现代社会，随着全球金融市场一体化的不断发展，国际资本流动也越来越频繁。国际资本流动有长期和短期之分，前者期限在1年以上，后者在1年以下，国际游资就是短期流动资本的一种。国际游资流动性极强，为了获取高利润或者保值而在国际间频繁移动，而股市和汇市就是国际游资的首选狙击目标。

国际游资对于股市的危害性在于，它会迅速推高市场价格，国际游资流到哪里，当地的股市就上涨，这种上涨会吸引该国的普通投资者从各种实体经济中抽出资金投入股市进行投机，使得股市泡沫不断产生和膨胀，而国际游资在得利后迅速撤出股市，又会直接导致股市遭遇灾难性下跌，股市泡沫也随之破灭。这样的例子我们可以找出很多。比如，当大量国际游资进入墨西哥股市时，其股市迅速上涨了436%；而1997年之前游资流入东南亚后，这些国家和地区的股市也疯狂上涨，持续创新高。当国际游资已经攫取了大量利润或者该国和地区形势有变时，国际游资就会大量抽离外逃，不但股灾不可避免，有时候还会引发金融危机。1994年墨西哥被抽走

180亿美元，1997年东南亚被抽走400多亿美元，两地均出现了股市暴跌、股灾甚至金融危机。这种情况也曾同样发生在证券市场较为成熟的美国。1973年熊市结束后，惨痛的记忆使得市情清淡起来。到了1982年，美股开始一路上升，一开始投资者还比较理智，牛市推升力量也是机构投资者为主，但到了1987年，热钱从日本不断流入，美国股市开始泡沫化，当时估值普遍超过20倍PE，结果导致了1987年股灾。

作为证券市场迅速发展的伴生物，股灾或许是永远难以消除的，只要对暴利的疯狂欲望还在、只要从众的心理还在，股灾就不可能真正消除，只能是通过不断地完善风险控制机制，降低股灾的频率和危害。

【章末结语】

　　我们在本章中分析了导致股灾形成发生的制度因素（货币制度、信用交易制度）、市场因素（市场违规行为、经济周期）以及过度投机和国际游资的冲击等。这是造成世界股票市场股灾的内因，也同样会影响中国股市的健康发展。

　　我国股市在过去20多年的发展中，尽管也曾多次遭遇股灾，但是因为市场规模较小、政府救市及时等原因，并未对经济社会造成明显的灾害。但是随着改革的不断深化，股票市场对国民经济的影响必然越来越大，因此我们应当强化灾难意识，以保持清醒的头脑，防止大型股灾甚至金融危机的不期而至。每一次股灾结束后，通常都会引发一次对证券市场组织架构、监管制度和运行机制的检讨和反思，这一过程可以促使证券市场加速蜕变，不断走向完善和成熟。中国股市还很年轻，监管层和投资者都有条件从国外成熟市场中借鉴经验，相信这种后发优势可以帮助中国证券市场少走弯路。

第九章

前瞻

从股灾史谈投资之道

A Brief History of
the Stock Market Crash

只要长期混迹股市，投资者的业绩很大程度上取决于能否躲过股灾。选股和操作技巧只能决定你阶段性的高度，股灾却能决定你的生死存亡。就像一辆汽车，驱动系统决定你在道路正常时能跑多快，而制动系统则决定你能否活命。有经验的投资者都知道，要想持续生存和盈利，就必须把股灾这样的小概率纳入大视野，不但时时警惕，还要有可行的应对预案。

近年来，随着资本市场创新步伐的加快和国内国际市场共振易发性的提高，在监管越来越严厉的情况下，股灾发生的频率却似乎越来越高。这在客观上就要求投资者有灾难意识，心里绷紧灾难逃生这根弦。

本章我们将根据股灾的产生机制和特征，从防灾层面谈一谈投资之道。

1. 股灾来临前的异常信号

第一，空方势能强大。股市中最大的能量就是趋势，趋势具有横扫一切的力量，并且会一直延续到一方彻底投降。在股市最疯狂的时候，一旦大部分行业的龙头股出现上冲乏力和无量脉冲，大势逆转就不远了。这是一个明确的信号，此时应该毫不犹豫地离场，少赚半条鱼尾巴也在所不惜。因为空方此时已积蓄了足够的势能，大势之下，多方的一切努力都是枉然。

第二，均线压制发生共振也是一个需要警觉的信号。牛市冲高时虽然人气很足，但大盘到了一个关键位置后就会无法逾越。即使有突破的时候，成交量也没有相应的配合，而且之前又没有出现过像样的调整。这时候如果发生均线共振，就是说上证指数、深成指数、中小板指数、创业板指数等主要指数都同时面临着相同类型的压力，表现为触及到压力线就无力上攻，或是迅速冲高回落。这在技术上就是连续的假突破，此时就要敲响风险的警钟，而绝对不要再去找上升中继的理由。这时减仓或清仓离场，有可能会踏空一小段行情，但从统计规律上来看，是可以大概率地躲过股灾的。当市场处于高位股民集体狂热的时候，我们应该保持警觉，不能因为有重仓而找理由看多。

第三，资金流的逆转是重大异常。近年来，中国股市的泡沫化时有出现，而吹大泡沫的直接动力就是货币供应增加和大量新股民的入场。然而不期而至的暴跌行情，即使是技术调整，也会吓退大部分新股民，他们的过激反应会造成市场的恐慌，对资金供给起到釜底抽薪的作用。此时，如果没有新的资金大量入市，甚至政策面收紧，泡沫破灭就为时不远了。

第四，决定市场涨跌的是资金的流动和成交量的支撑，一旦大盘三天滞涨且资金显著流出、成交量又大幅萎缩，一有风吹草动就会触发看空预期。如果此时再有政策面利空信号，调整甚至转势的概率就很大。2015年5月上证暴涨到5 178点前后，市场已经出现了很多危险信号，但因为媒体和所谓大腕们的看多言论、股民的集体疯狂造成了大家对风险熟视无睹。投资者应该刻骨铭心地记得，这些信号中杀伤力最大的就是政策面利空，具体来说就是中央经济工作会议要求去杠杆，到了证监会的层面，就演化成了清理配资、规范两融，这事实上成了屠杀杠杆牛的利刃。但在当时，没有几个人把这个巨大的利空当回事儿，甚至还有"利空当得多使"的疯狂说法。

2.股民为何对这些异常信号视而不见

分析股灾的历史和形成机制，我们可以清晰地看到每次出现股灾之前都是有明显信号的，即使这些信号不足以预示着转势，在这么敏感的位置减仓去杠杆也是必要的。这些道理都显而易见，为什么股民都缺乏警觉呢？

第一，持续上涨动能使市场亢奋，股民不自觉地形成了单边思维，在这种一致性的蒙蔽下，股民对来自市场、政策和宏观经济层面的种种"不和谐"声音就会选择性耳聋。

第二，有些机构其实也是羊群里的成员，他们自己因为缺乏独立判断而置身羊群却不自知，而且还以机构的身份发出不理性的声音，这势必会对散户产生影响，客观上强化了羊群效应，以至于每一只羊都认为自己不会被宰杀。

第三，羊群效应产生的一个重要原因是人们普遍迷信权威。牛市的亢奋期，一些无良或者无知的所谓权威会频频发出10年大牛、万点在望、刚刚起步、牛市下半场之类的声音，而大多数投资者会选择性地接收这些信号，屏蔽逆耳的预警信号。

第四，在牛市的氛围里，投资者倾向于站在过于宏观的角度预测市场发展的必然，容易相信总体向上的大概率，而忽略那些小概率，殊不知这些小概率事件是必然发生的，而且会导致颠覆性后果。

第五，有些投资者迷信船小好调头，所以总是认为等大跌出现了再跑不迟。及至大跌真的来临，又会产生技术调整的错觉，用"不怕急跌"来安慰自己，到最后终于相信趋势改变时，已是悔之晚矣。

3.减灾之道

一、要有自己的交易系统，其中的危机处理模块一定要有，而且特别重要。

在股市生存，交易系统是钢需。交易系统简单地说，就是交易习惯的总成。交易系统必须根据自身的特点亲手制定，别人的系统，哪怕是股神的系统，对你也可能是无用的。交易系统主要的组成部分主要有：

（1）开平仓依据。为什么要买？为什么要卖？这都得有明确、一致的规则，这就是在不确定的市场里创造确定性。不同性格特征的人对市场的理解不同，这就产生了各种不同的买卖依据，新手喜欢尝试不同的方法，市盈率、强弱指标、量能、K线组合、财务报表，不一而足。其实试了几年后，善于思考的投资者终究会知道，任何方法都可以让你盈利，任何方法也都可以让你亏损。所以，应该组合出一个自己最熟悉的买卖依据，自创一个也行，优化后固定下来，然后就不断重复和熟练化，并形成像索罗斯说的那样的反射动作。

（2）交易周期。走势是有分级别的，同样的开平仓依据，对不同的交易周期而言，开仓点和平仓点是不同的，明确自己的交易周期才能更好地把握开仓点，才能正确地设定相应的止损止赢点。投资者应该明白自己适合做短线还是做中长线，并且要固定下来，不能临时起意。

（3）仓位控制。一般不要满仓交易，轻仓虽然影响资金的使用效率，却可以保证你在股灾中活命。什么样的仓位才算合适呢？这里推荐一个被誉为仓位神器的凯利公式。

凯利公式是表达资金和赌注关系的公式，广泛应用于多次的随机赌博游戏，这个公式可以使资金的期望增长率最高，且永远不会导致完全损失所有资金的后果。它假设赌博可无限次进行，而且没有下注上下限。这个公式虽源自博弈，但对股市同样有效。

公式中：

$f*$ = 现有资金应进行下次投注的比例

b = 赔率

p = 胜利机会

q = 输的机会（一般等于1-p）

赔率 = 期望盈利/可能亏损

上述公式的原理及应用这里不赘述，值得注意的是，它的一个简单推论是：

仓位＋下跌概率＝1

（4）危机管理。很多投资者的交易系统都没有足够重视这个模块。正如上述，没有危机管理的机制，当股灾来临时，你的一切努力都将毁于一旦。危机管理就是在系统风险来临时的自保措施，它也是一种止损，而且是最重要的止损。一般来说，当股市出现相关征兆时就要密切关注并适当减仓，当伴随着巨量成交下挫时，特别是当出现15%以上回撤时，就要夺路而逃，而不要有侥幸心理。这是不需要什么预测的，只需要简单执行即可。

二、股灾既是灾难也是机会，所以和止损离场等效的一个方法就是利用期货期权工具及时进行风险对冲，在理由充分时甚至可以做空以博取收益。

三、强化执行能力。计划容易执行难，所以在零和市场里要想生存和盈利，一个必要条件就是在出现极端行情时不折不扣地执行预案。

心理问题是交易执行的关键问题，执行过程常常是违背人性的，如果不正视问题，不愿作出实质改变，那么在其他方向作再多的努力也只能是适得其反。所以不着重执行力的提高，不在心性层面提高自己，而仅仅去和宏观分析、技术指标、图表形态、财务分析等较劲，一定是舍本求末的。股市是残酷的，操作一定要有依据，执行一定要到位，绝不能有赌徒思维和侥幸心理。有时候，在出现了股灾征兆后并不会真的崩盘，有些人会因此而侥幸地扛过去，躲过这一劫后，他们就会沾沾自喜，笑别人胆小如鼠。这是最危险的交易习惯，因为侥幸躲过这一劫会淡化风险意识，而股灾终究是会来临的，久而久之，到真正需要逃命的时候，他们往往还在麻痹中幻想着上涨中继，最终结局当然是万劫不复。做投资要居安思危，如果在不确定的市场里只考虑乐观预期，对风险视而不见或者自我麻痹，就无法在市场里生存。侥幸心理人皆有之，在日常日程中也是这样，但其危机不是立竿见影的。股市却不一样，虽然在牛市亢奋阶段侥幸的人比不侥幸的人收益更高，但从长期来看，必定要付出惨重代价的。

　　四、不要急于抄底。一般来说，只要牛市的趋势还在，抄底基本上都会大赚。但如果趋势已转变，抄底就会越抄越低，没有最低只有更低，许多老股民没有死在大顶上，却最终死在了抄底上。究竟什么样的价格是底，基本上是没有办法可以具体预测的，所以我们只能尊重趋势。还有些在大跌中没能及时出逃的股民，他们往往会心有不甘，所以总是不断抄底补仓以拉低平均价。常常是，他们抄了底后又惯性下跌不少，于是心想这回应该是底部了，所以就再次抄底，谁知之后又大幅下跌，如此反复几次，有些人只好在贪婪转化成恐惧后割肉出局了。为了避免这样的悲剧发生，投资者在进行左侧交易时，要注意轻仓和渐进的原则，严格执行既定的操作计划。

4.股灾史教会我们的另类投资方法

第一，利用融券赢利。融券为个股做空赢利和避险提供了可能，在牛市的强弓之末，大盘随时可能调头的情况下，对个股进行融券操作可以达到避险或赢利的目的。融券的程序并不复杂，投资者以保证金作为抵押，借入股票后卖出做空，在规定的时间内归还即可，只需支付少量的利息成本。

第二，利用股指期货对冲和套利。利用股指期货的做空功能，不但可以对冲股票价格大跌的风险，而且也可以利用空头机会赢利。如果股市大概率下跌，可以卖出与自己的现货持仓相当的股指期货合约，这样可以把价格风险转移给期货合约买家，从而实现保值或赢利。

第三，利用期权对冲和套利。有两个方法：一是买入看跌期权或卖出看涨期权。这其中，买入看跌期权比卖出看涨期权更接近实值，因此买入看跌期权要比卖出看涨期权要贵一些。买入看跌期权可以用较小的成本，在未来股票下跌时获得收益。

熊市差价期权也是一种有效的策略。如果投资者预期股票会有一定的幅度下跌，可以选择较低成本的熊市差价期权策略，来对冲股票现货风险，这样就可以在股票下跌到一定幅度后发挥止损的效果，或者实现低成本的盈利。

【章末结语】

股市的基本机制决定了牛熊轮回没有终点,股灾可能会改头换面,但永远不会缺席,而且今后的股灾可能杀伤力更大,出现频率更高。

躲过股灾才能享受下轮牛市,否则就是在赚赔之间来回折腾,最终牺牲在小概率事件上。

股市几百年的历史证明,股灾是市场的一部分,每个时代都会有自己独有的股灾,它们的名称可以叫南海泡沫,可以叫黑色星期二,可以叫次贷危机,可以叫欧债危机,也可以叫东南亚金融危机、杠杆危机、石油危机等,这是盘桓在股市上空的黑天鹅,是致命的小概率。

有人说,历史的教训就是人们永远不会吸取教训:

每次股灾后人们都能得出一些经验和教训,但当这只黑天鹅再次光临的时候,大多数投资者仍然会被动挨打,甚至一些机构大户也是这样。

所以面对随时可能袭来的股灾,投资者要学会自救,学会危机管理,学会抓住空头赢利的机会,不要再寄希望于政府救市,不要再寄希望于侥幸,不要再为自己找借口,否则就永远不会成长,迟早会被淘汰出局。

让我们把投资大师索罗斯终生感悟所得的一句话作为结束语："世界经济史是一部基于假象和谎言的连续剧。要获得财富,做法就是认清其假象,投入其中,然后在假象被公众认识之前退出游戏。"